MARIA MONTESSORI
UMA PEDAGOGA QUE ATRAVESSA FRONTEIRAS

Editora Appris Ltda.
1.ª Edição - Copyright© 2024 da autora
Direitos de Edição Reservados à Editora Appris Ltda.

Nenhuma parte desta obra poderá ser utilizada indevidamente, sem estar de acordo com a Lei nº
9.610/98. Se incorreções forem encontradas, serão de exclusiva responsabilidade de seus organi-
zadores. Foi realizado o Depósito Legal na Fundação Biblioteca Nacional, de acordo com as Leis nos
10.994, de 14/12/2004, e 12.192, de 14/01/2010.

Catalogação na Fonte
Elaborado por: Dayanne Leal Souza
Bibliotecária CRB 9/2162

S499m
2024
	Seveso, Gabriella
	   Maria Montessori: uma pedagoga que atravessa fronteiras / Gabriella
	Seveso. – 1. ed. – Curitiba: Appris, 2024.
	   163 p. ; 21 cm. (Coleção Ciências Sociais).
	
	   Inclui referências.
	   ISBN 978-65-250-6478-9
	
	   1. Biografia. 2. Maria Montessori. 3. Montessori, Método de educação.
	4. Mulheres – História. I. Seveso, Gabriella. II. Título. III. Série.
	
	                                                                   CDD – 305.4

Livro de acordo com a normalização técnica da ABNT

Appris editora

Editora e Livraria Appris Ltda.
Av. Manoel Ribas, 2265 – Mercês
Curitiba/PR – CEP: 80810-002
Tel. (41) 3156 - 4731
www.editoraappris.com.br

Printed in Brazil
Impresso no Brasil

Gabriella Seveso

MARIA MONTESSORI
UMA PEDAGOGA QUE ATRAVESSA FRONTEIRAS

Appris
editora

Curitiba, PR
2024

FICHA TÉCNICA

EDITORIAL
Augusto Coelho
Sara C. de Andrade Coelho

COMITÊ EDITORIAL
Ana El Achkar (Universo/RJ)
Andréa Barbosa Gouveia (UFPR)
Antonio Evangelista de Souza Netto (PUC-SP)
Belinda Cunha (UFPB)
Délton Winter de Carvalho (FMP)
Edson da Silva (UFVJM)
Eliete Correia dos Santos (UEPB)
Erineu Foerste (Ufes)
Fabiano Santos (UERJ-IESP)
Francinete Fernandes de Sousa (UEPB)
Francisco Carlos Duarte (PUCPR)
Francisco de Assis (Fiam-Faam-SP-Brasil)
Gláucia Figueiredo (UNIPAMPA/ UDELAR)
Jacques de Lima Ferreira (UNOESC)
Jean Carlos Gonçalves (UFPR)
José Wálter Nunes (UnB)
Junia de Vilhena (PUC-RIO)

Lucas Mesquita (UNILA)
Márcia Gonçalves (Unitau)
Maria Aparecida Barbosa (USP)
Maria Margarida de Andrade (Umack)
Marilda A. Behrens (PUCPR)
Marília Andrade Torales Campos (UFPR)
Marli Caetano
Patrícia L. Torres (PUCPR)
Paula Costa Mosca Macedo (UNIFESP)
Ramon Blanco (UNILA)
Roberta Ecleide Kelly (NEPE)
Roque Ismael da Costa Güllich (UFFS)
Sergio Gomes (UFRJ)
Tiago Gagliano Pinto Alberto (PUCPR)
Toni Reis (UP)
Valdomiro de Oliveira (UFPR)

SUPERVISORA EDITORIAL
Renata C. Lopes

PRODUÇÃO EDITORIAL
Adrielli de Almeida

REVISÃO
Camila Dias Mancel

DIAGRAMAÇÃO
Ana Beatriz Fonseca

CAPA
Mateus de Andrade Porfírio

REVISÃO DE PROVA
Jibril Keddeh

COMITÊ CIENTÍFICO DA COLEÇÃO CIÊNCIAS SOCIAIS

DIREÇÃO CIENTÍFICA
Fabiano Santos (UERJ-IESP)

CONSULTORES
Alícia Ferreira Gonçalves (UFPB)
Artur Perrusi (UFPB)
Carlos Xavier de Azevedo Netto (UFPB)
Charles Pessanha (UFRJ)
Flávio Munhoz Sofiati (UFG)
Elisandro Pires Frigo (UFPR-Palotina)
Gabriel Augusto Miranda Setti (UnB)
Helcimara de Souza Telles (UFMG)
Iraneide Soares da Silva (UFC-UFPI)
João Feres Junior (Uerj)

Jordão Horta Nunes (UFG)
José Henrique Artigas de Godoy (UFPB)
Josilene Pinheiro Mariz (UFCG)
Leticia Andrade (UEMS)
Luiz Gonzaga Teixeira (USP)
Marcelo Almeida Peloggio (UFC)
Maurício Novaes Souza (IF Sudeste-MG)
Michelle Sato Frigo (UFPR-Palotina)
Revalino Freitas (UFG)
Simone Wolff (UEL)

PREFÁCIO

O Centro Educacional Menino Jesus, conhecido como CEMJ ou o "Menino Jesus", fundado em 1955, é uma escola católica de propriedade das Irmãs Franciscanas de São José e está completando 70 anos de existência. No lançamento do presente livro, encerra o ano comemorativo dos 50 Anos de Adoção da Metodologia Montessoriana.

O CEMJ, pela sua missão, educa para a paz e o respeito à vida e encontrou na pedagogia montessoriana a sintonia perfeita para expressar sua missão institucional, como escola católica e promotora dos valores cristãos.

A educação brasileira, nas décadas de 1970 a 1980, foi marcada por diversos desafios e transformações. O período foi caracterizado por um contexto político conturbado, com a ditadura militar e a redemocratização do país. O currículo escolar também passou por mudanças significativas. A influência da Escola Nova e a busca por uma educação mais crítica e libertadora pediam mudanças, e as circunstâncias conduziram a direção da época (Ir. Aurélia Pauli) a buscar uma pedagogia que pudesse favorecer o desenvolvimento do educando de forma natural e mais plena. E, assim, em 1972, foi enviada uma profissional para São Paulo capital (Ir. Jaqueline Dal Pont) para frequentar um curso de atualização. E o destino provocou o encontro decisivo entre o Instituto Pedagógico Maria Montessori e o CEMJ. O instituto, fundado e mantido pelas Irmãs Franciscanas Missionárias de Maria no Brasil, atuou por mais de 60 anos na Mooca, sob a batuta da Madre Valentina, que foi uma das precursoras do método Montessori no Brasil.

A metodologia montessoriana desde os anos 1950 começou a ser adotada em escolas particulares das cidades de São Paulo, Curitiba e Rio Janeiro, sob a influência educadora de Pe. Pierre Faure, Joanna Scalco, Eny Caldeira, Piper Borges de Lacerda e tantos outros. Vários congressos da antiga AEC (fundada em 1944), hoje

Associação Nacional de Educação Católica (Anec), promulgaram os benefícios da pedagogia montessoriana na formação da criança. São estes alguns dos fatores que ajudaram o "Menino Jesus" a decidir-se pela adoção da pedagogia montessoriana, cuja implantação se iniciou em 1973, com continuados cursos de formação para o corpo educativo. Dessa forma, o "Menino Jesus" estabeleceu-se como a primeira escola montessoriana de Santa Catarina. Desde 1996, o CEMJ é sócio-fundador da Organização Montessori no Brasil (OMB), e desde 2002 mantém também o Centro de Estudos Montessori, no qual, de dois em dois anos, é ministrado o curso Básico de Montessori para internos e externos. Sistematicamente, desde 2012, o CEMJ, por intermédio do Centro de Estudos Montessori, oferece cursos específicos dessa pedagogia para profissionais de todos os estados do Brasil. Os cursos são organizados e ministrados pelos parâmetros internacionais de formação Montessori.

É grande nossa alegria poder oferecer a todos os discípulos montessorianos esta obra, na versão em português, do original italiano, escrita por Gabriella Seveso, cuja intermediação contou com a admirável presteza do professor Norberto Dallabrida. Constata-se que a autora realizou uma pesquisa ampla e profunda de Maria Montessori, juntando dados históricos relevantes de sua militância como MULHER, CIENTISTA e PEDAGOGA. Seveso apresenta uma biografia enriquecida de nomes e fatos ainda não vistos em biografias anteriores sobre Maria Montessori. Retrata uma mulher de uma ousadia ímpar, pelas causas nas quais se engajou e trabalhou; pelos países em que, pelas circunstâncias históricas, esteve ou optou por morar; e por ser uma agente de transformação, uma cidadã do mundo, uma educadora cientista, defensora da Criança, da Mulher e das causas que em seu tempo careciam de direito e justiça. Ela levantou a voz, nas muitas conferências proferidas, em diversos países, acentuando que é imperativo que trabalhemos todos juntos na Educação, para formar um futuro pacífico, justo e sustentável, envolvendo a humanidade na criação conjunta "de um mundo que seja bom para todas as crianças, pois, se for bom para elas, será para todos".

Na divulgação da presente obra, o CEMJ pretende encorajar e CONCLAMAR os educadores a se engajarem em uma educação transformadora, colaborativa e formadora de um **homem novo**, que construa relacionamentos de cuidado e confiança, que salve o planeta, mantendo-o habitável e harmonioso pela elevação do nível espiritual de toda a humanidade.

Irmã Marli Catarina Schlindwein

Diretora-geral do CEMJ

AGRADECIMENTOS

Um livro sempre é uma obra coletiva e uma jornada de descoberta. Agradeço com todo o meu coração ao Prof. Norberto Dallabrida, pela paciência, competência e determinação com as quais conduziu este trabalho; um agradecimento também à Prof.ª Tânia Regina da Rocha Unglaub, diretora de ensino do Centro de Educação à Distância da UDESC e à técnica universitária Letícia Vieira por viabilizarem a tradução deste livro, e à Irmã Marli Catarina Schlindwein, diretora geral do Centro Educacional Menino Jesus (CEMJ), que igualmente tornou possível este empreendimento, levando a minha obra aos leitores brasileiros.

Gabriella Seveso

Professora de História da Pedagogia na

Università degli Studi di Milano-Bicocca.

SUMÁRIO

INTRODUÇÃO 13

PREÂMBULO 17

PRIMEIRA PARTE
A DIMENSÃO PRIVADA 19
Uma menina amada 19
Uma nação que acabara de nascer 20
Uma escolha corajosa: os estudos científicos e a Faculdade de Medicina 23
Um mundo em rápida transformação 24
O amor e a maternidade 27
As lutas das mulheres pelas mulheres 31

SEGUNDA PARTE
A DIMENSÃO PÚBLICA 35
O engajamento pelos direitos das mulheres e das crianças 35
O engajamento pelos direitos das crianças: as primeiras obras
e experiências na educação de crianças com deficiência 42
O retorno a Roma e o começo do método 47
A primeira Casa dei Bambini 52
As Casas das Crianças: um novo papel para as professoras 59
Uma nova imagem da criança 64
A experiência na Úmbria 67
O engajamento pelos mais fracos e as primeiras traduções de *O método* 70
Montessori em Milão: um caminho complexo 72
Uma tarefa nada fácil: formar professoras 76
Uma rede de relações entre mulheres 81
Os princípios do método 85
As viagens e a difusão nos EUA 92
A situação na Itália 103
Montessori na Espanha 105

Os anos da Primeira Guerra Mundial 108

A difusão do método na Europa e no mundo 111

Após a Primeira Guerra Mundial......... 125

As novas obras 128

A fuga da Espanha......... 131

A experiência na Índia......... 132

Os últimos anos 139

POSFÁCIO 145

REFERÊNCIAS 151

INTRODUÇÃO

Maria Montessori e seu método constituem atualmente um objeto do imaginário coletivo, particularmente nos últimos anos, que coincidiram com o aniversário de seu nascimento e o de sua morte. Assistimos à disseminação tanto de objetos comemorativos (selos, cédulas, moedas etc.) quanto de outros objetos e iniciativas (não faltaram biografias em quadrinhos e materiais de vários tipos e qualidades na internet), com um impacto significativo na cultura geral. No campo científico, nas últimas décadas, multiplicaram-se os estudos sobre Maria Montessori, aprofundando os aspectos históricos em torno dela, ou seja, o nascimento do método, a formação da pedagoga, as primeiras experiências, as complexas redes de relações que levaram à difusão da proposta montessoriana no mundo, com momentos de intensa propagação e períodos de menor atividade. Inúmeros estudos sobre os aspectos didáticos foram igualmente realizados, com atenção à eficácia do método em diferentes contextos ou mediante o aprofundamento de alguns elementos, ou ainda graças a pesquisas sobre a sua aplicação nos diferentes níveis de ensino, uma extensão que atualmente representa o desafio mais interessante do método.

Ao lado de uma literatura científica muito aprofundada e extensa, observamos também publicações populares que tentaram aproximar o público em geral de alguns aspectos fundamentais do método ou de alguns eventos biográficos da pedagoga. Além disso, no âmbito das instituições educacionais e escolares, a definição de "montessoriano" tornou-se atualmente, com alguma frequência, uma autodefinição de algumas instituições que declaram inspirar-se em alguns dos princípios do método ou adotar práticas da proposta montessoriana. Diante desse último fenômeno, a presença e as atividades de estudo e formação realizadas pela Associação Montessori Internacional (AMI) e pelas associações existentes nos diversos países (na Itália, a Opera Nazionale Montessori) continuam sendo fundamentais.

Diante de tão complexo quadro, torna-se interessante reconstruir a história de Montessori, traçando as linhas fundamentais do ponto de vista da biografia, assim como das suas obras, iniciativas e instituições, embora não seja uma tarefa fácil, dada a atividade vertiginosa da pedagoga.

Maria Montessori é, em alguns aspectos, uma figura verdadeiramente extraordinária e única. Estava profundamente convencida de que a possibilidade de construir um mundo em que todos tivessem a oportunidade de cultivar habilidades e contribuir para o bem-estar da comunidade, criando a paz e o respeito mútuo, estava ligada exclusivamente à forma como criamos as crianças desde o nascimento e a primeira infância. Ela pôde propor essa sua concepção tanto graças a sua personalidade, sensibilidade e formação cultural particulares quanto em razão das condições que foram criadas ao seu redor.

Por um lado, sua obra reelaborou sugestões já presentes na história da pedagogia, como as feitas por Rousseau, Pestalozzi ou Froebel, mas combinando-as com uma nova atenção à criança, às suas necessidades e aos seus reais interesses: essa atenção, certamente nascida de sua sensibilidade, foi também possibilitada pelo clima cultural particular da época, que refletia pela primeira vez sobre a criança já não como um adulto em miniatura, mas como portadora de sua própria especificidade. Tratava-se de um ponto de inflexão, que levou a concepções revolucionárias, como a montessoriana, mas também a de Ellen Key, ou a da psicologia com escalas de desenvolvimento, ou a quase escandalosa proposta por Freud.

Montessori aplicou a sua sensibilidade particular ao tema Criança, e fê-lo sobretudo com uma capacidade invulgar de combinar prática e teoria, e com a sua extraordinária capacidade de misturar — talvez verdadeiramente de modo único no panorama cultural — rigor científico e sensibilidade humanista: não por acaso, foi médica e pedagoga e, assim, herdou duas tradições de pensamento muito antigas e sólidas sobre a infância, mas também muito complementares, entrelaçando-as de forma original para propor uma verdadeira libertação da criança. Isso também lhe permitiu ter lucidez sobre o contexto, em todos os seus aspectos, e dar atenção especial à complexa trama de elementos não somente biológicos, mas também cognitivos, afetivos e emocionais.

Seu trabalho, inserido nesse contexto agitado, também foi possível graças ao momento histórico particular que viu as mulheres na cena pública pela primeira vez no Ocidente: algumas personalidades femininas e inúmeras associações de mulheres realizaram o que alguns estudiosos chamaram de maternidade social, ou seja, colocaram em prática um esforço considerável para cuidar dos problemas sociais da época, por meio de iniciativas, fundações, promoção de novas concepções acerca dos menores, obras científicas e de divulgação, com considerável impacto nos contextos em que atuavam. Montessori colocou-se no centro de uma rede de mulheres e associações que lhe permitiram concretizar seus projetos, e ela mesma pôde fazer-se um exemplo marcante de maternidade social. Soube utilizar, para a realização de seu impressionante trabalho, sua capacidade de buscar interlocutores efetivos e interessados no mundo da política, da religião e da sociedade, aproveitando, no panorama que a cercava, iniciativas e visões que pudessem ser favoráveis ao seu projeto.

Não podemos esquecer, tampouco, que Montessori esteve em contato e diálogo com as maiores personalidades do mundo político e cultural da época, de diferentes nações: pense-se, apenas a título de exemplo, em Sigmund Freud, Tatiana Tolstói, Rabindranath Tagore ou Gandhi. Mas não somente: suas inúmeras viagens colocaram-na em contato com contextos culturais muito diferentes, que abriram a sua concepção fornecendo-lhe elementos para realizar redefinições, ajustes e ampliações de suas teorias, e fizeram-na ensaiar ajustes e acomodações em seus experimentos, permitindo-lhe adquirir uma visão verdadeiramente cosmopolita.

Todas essas razões e aspectos extraordinários e fascinantes nos impulsionam a reconstruir mais uma vez essa personalidade tão complexa e que foi capaz de realizar um trabalho articulado. Este livro procura contextualizar a personalidade e a obra de Maria Montessori no clima cultural, político e social do seu tempo: o desenvolvimento diacrônico acompanha os acontecimentos, ilustrando também os conceitos e as teorias à luz das diferentes passagens que se materializaram na criação de instituições, em viagens, às vezes agitadas, e em contatos com diferentes contextos e com culturas diversas.

PREÂMBULO

Berlim, 20 a 26 de setembro de 1896.

Congresso Internacional das Mulheres. A plateia está repleta de delegações provenientes de todo o mundo, mulheres jovens e menos jovens, com seus vestidos longos e mangas bufantes, chapéus adornados com véus e adereços, rostos curiosos, atentos e determinados.

A representante das mulheres italianas, uma mulher elegante, apresenta no palco com firmeza, mas sem veemência, seus argumentos a favor dos direitos das mulheres: direito ao voto, direito à saúde, direito à educação, direito à igualdade salarial, direito de poder ser ao mesmo tempo mãe e trabalhadora. Lembra que são metas para todas as mulheres, não quer divisões, não defende facções, partidos ou associações: o seu ideal é uma aliança pacífica e solidária entre todas as mulheres, além dos pertencimentos sociais, religiosos ou políticos.

Essa mulher é Maria Montessori, e pela primeira vez seu nome ressoa em uma ocasião pública.

Caminha um pouco absorta, movimenta-se graciosamente, tem gestos calmos, fala em tom agradável, é admirada por todos. Os jornais dos dias seguintes exaltavam seus gestos, seu requinte e sua beleza; em segundo lugar, sublinham também seus argumentos interessantes e articulados. Maria, por outro lado, quer ser lembrada não por sua beleza, mas por seu engajamento e seu intelecto.

Mas por que Maria Montessori está em Berlim?

Para compreendê-lo, teremos de retraçar a sua biografia, apesar das poucas informações sobre sua vida privada, ainda cheia de perguntas sem resposta e de aspectos desconhecidos, devido à sua relutância em deixar vestígios. Tentaremos recompor uma vida que é uma aventura vertiginosa e fascinante, uma incessante peregrinação entre os povos para difundir uma ideia revolucionária da criança...

PRIMEIRA PARTE

A DIMENSÃO PRIVADA

Uma menina amada

Maria Tecla Artemisia Montessori nasceu em Chiaravalle, em 31 de agosto de 1870, filha de Renilde Stoppani e Alessandro Montessori. Chiaravalle era uma pequena cidade entre Jesi e Ancona, no centro da Itália, em uma verde planície a seis quilômetros do litoral. Em 1759, com a permissão do abade cardeal Corsini, foi fundada a Manufatura Tabacchi, que deu um forte impulso econômico a essa pequena e laboriosa cidade. Quando Maria nasceu, a Manufatura vivia seu momento mais próspero, atraindo mão de obra e empregando charuteiros, tornando-se referência na economia da cidade. Ao seu redor, o campo produzia cereais e frutas.

A menina foi batizada três dias depois, na simples e elegante Igreja da Abadia de Santa Maria in Castagnola, ainda parte do belo complexo fundado por monges cistercienses no século XII, com sua fachada românica de tijolos vermelhos, telhado inclinado e imponente rosácea. Ela recebeu, além do primeiro nome, os dois nomes de suas avós. Seu pai, Alessandro, nascido em 1832 em Ferrara, depois de empregado, tornara-se inspetor da indústria do sal e do tabaco do Ministério das Finanças e fora transferido para Chiaravalle com a função de controlar a produção de tabaco, que naqueles anos alcançara escala industrial. Foi em Chiaravalle que ele conheceu Renilde Stoppani, originária da vizinha cidade de Monte San Vito, e os dois casaram-se em 1866. Renilde era uma mulher curiosa, enérgica, culta, mesmo não tendo conseguido frequentar a universidade (que na época não admitia mulheres), amante da leitura, apaixonada. Ambos compartilhavam uma simpatia pelos ideais do *Risorgimento* e uma educação católica: dois aspectos que não eram fáceis de conciliar na época, já que na Itália as relações entre o Estado e a Igreja eram muito tensas e complexas, devido ao processo de unificação nacional, que começou sob a liderança do então Reino da Sardenha e que previa igualmente a anexação das terras do Papado do centro da Itália.

Uma nação que acabara de nascer

Vinte dias após o nascimento de Maria, a infantaria montada entrou em Roma, a cidade do Papa, conquistando-a: após doze séculos, o poder temporal papal chegava ao fim. O Papa Pio IX, declarando-se "prisioneiro no Vaticano", emitiu uma excomunhão contra o rei, os ministros e os parlamentares de uma Itália recém--nascida e publicou a encíclica *Non Expedit*, que proibia os católicos italianos de participar da vida política, de votar e de se candidatar: muitos fiéis, atormentados em sua alma pela lealdade ao papa, mas também pela fé nos ideais do *Risorgimento*, dedicaram-se, então, a atividades caritativas em favor das classes pobres, criando sociedades cooperativas e bancos rurais, a fim de encontrar uma forma de participar da vida social de seu Estado.

A unificação da Itália acabara de ser proclamada, em 1861, e o novo Estado precisava de uma organização completa: administração, comunicações e sistema escolar. Em 1870, quando do nascimento de Montessori, o país não dispunha de um aparato industrial sólido, como outras nações europeias, e a economia era baseada na agricultura, que, infelizmente, ainda estava atrasada em muitas áreas geográficas. O governo pretendia centralizar o sistema administrativo e financeiro, impondo um sistema nacional de tributação e a subdivisão em regiões e províncias: a lira foi introduzida como única moeda, e o sistema métrico decimal foi adotado. A capital, inicialmente localizada em Turim, foi transferida para Florença em 1865 e, a partir de janeiro de 1871, para Roma.

Um dos problemas mais graves do novo Estado era o analfabetismo da população. Em 1871, 72% dos meninos e 84% das meninas eram incapazes de ler e escrever: muitas crianças nunca tinham ido à escola, pois estavam ocupadas contribuindo para a economia familiar em razão do trabalho no campo, vendendo no mercado, trabalhando em fábricas ou, no caso de muitas meninas, cuidando da casa e dos irmãos mais novos. Em 1861, o governo estendeu a Lei Casati, inicialmente aprovada em 1859 para o Estado do Piemonte, a todo o território nacional: pela primeira vez, determinou-se a obrigatoriedade da educação para meninos e meninas nos dois primeiros anos do ensino fundamental. Em 1877, a Lei Coppino estabeleceu a escolaridade obrigatória até os nove anos de idade. Foi o início de um longo caminho que viu as meninas, em particular, conquistarem o mundo da escola e da educação, que sempre lhes fora negado. No entanto, os currículos escolares permaneceram diferenciados para meninos e meninas, e as turmas foram separadas por sexo: as *Instruções para professores do ensino fundamental* enfatizavam que a educação das meninas devia ter por objetivo "o bom governo da família". Conquanto as leis de 1859 e 1877 tivessem determinado a obrigatoriedade do ensino para meninos e meninas, a taxa de analfabetismo feminino permanecia superior à dos meninos: a frequência das crianças na escola, na verdade, para as famílias mais pobres, constituía uma despesa, tanto em razão da aquisição de material escolar quanto por já não poderem contar com o trabalho dos filhos. As famílias maiores muitas vezes decidiam enviar apenas algumas crianças para a escola: a escolha era na maioria das vezes pelos filhos, já que eles teriam que sustentar uma família no futuro e as meninas podiam ajudar com as tarefas domésticas.

Finalmente, em 1874, o Ministério estabeleceu a possibilidade de as meninas se matricularem na universidade e, em 1883, foi-lhes outorgado o direito de frequentar ginásios e institutos técnicos. Essas medidas pareciam revolucionárias para a época, até porque no fim do século XIX poucas meninas ainda conseguiam concluir o ensino fundamental.

Podemos atualmente reconstruir os percursos de formação destinados às meninas naquela época valendo-nos de cartas e diários privados, de ilustrações, da etiqueta e da evolução da moda. Façamos aqui uma breve menção a esses percursos: as meninas do povo eram colocadas muito cedo no trabalho doméstico ou nas lidas do campo; em muitos casos, eram empregadas na indústria de algodão porque suas mãos pequenas eram adequadas para o manuseio de certos instrumentos, ou na indústria da moda. Meninas de classe média ou de famílias ricas cresciam observando os primeiros livros de etiqueta, marcados pelos valores da modéstia, da obediência e do silêncio: delas se exigiam gestos bem compostos, cortesia e gentileza. Até meados do século, as jovens usavam espartilhos e corpetes, botins rígidos e calçolas; no fim do século XIX, no entanto, a moda mudou parcialmente a vestimenta das meninas e das moças e tentou sugerir roupas mais confortáveis: nada de cintos apertados, laços, mangas apertadas, mas sim roupas mais folgadas. Contudo, as famílias nem sempre seguiam essas indicações e muitas meninas ainda se viam prisioneiras de fivelas, laços, cordões e fitas.

Maria Montessori cresceu nesse contexto de mudanças importantes, ainda que graduais.

Apenas três anos após seu nascimento, em 1873, seu pai, Alessandro, foi transferido para Florença e, em seguida, em 1875, para Roma. A menina foi matriculada na Escola Preparatória Municipal do Rione Ponte e, em 1876, na Escola Municipal da Via San Nicolò da Tolentino, localizada em uma área menos popular que a anterior. Seu pai registrou em um diário algumas informações simples sobre o crescimento da filha: marcou sua altura aos três, cinco e dezesseis anos; anotou as primeiras palavras, o nascimento dos dentes, a vacinação contra a varíola. Era a única filha do casal Montessori, que acompanhou sua infância tranquila e pacífica com atenção, sensibilidade e esperança. Eles também cuidaram de sua preparação cultural, fazendo-a frequentar a escola regularmente e um curso de francês e piano. Com base no sucinto diário de seu pai, podemos reconstruir alguns detalhes do cotidiano da pedagoga: ela ia para a escola de bom grado, fazia amizade com as colegas, era animada e curiosa; ela era apaixonada por disciplinas literárias, embora fosse mais lenta em matemática e menos atenta à gramática. Quando pequena, manifestou uma predileção inicial pelo teatro, como ela mesma lembrou mais tarde em alguns documentos guardados por uma aluna: improvisava comédias, adorava atuar e perguntou ao pai se poderia se matricular em uma escola de declamação para moças. Seu pai satisfez esse desejo, o que a levou a ter um sucesso considerável e a estar pronta para sua estreia nos palcos aos doze anos de idade, para espanto e orgulho de seus professores. No entanto, Montessori sentiu de repente que esse não era o caminho que deveria tomar e que lhe permitiria aproveitar seus talentos: de chofre, deixou de lado sua paixão pelo teatro, para surpresa de quem a cercava, e decidiu se dedicar a "estudos severos", aplicando-se antes de tudo à matemática. Esse traço ousado de seu temperamento, ou seja, a capacidade de abandonar repentina e decisivamente um caminho para iniciar outro percurso, mesmo diante do espanto de quem lhe era próximo, continuava sendo uma característica típica dela, e em algumas correspondências, já adulta, ela também se questionava com tormento íntimo sobre esse seu modo de ser.

Uma escolha corajosa: os estudos científicos e a Faculdade de Medicina

Em 1884 foi inaugurada em Roma a Real Escola Técnica "Michelangelo Buonarroti": Montessori matriculou-se com pouquíssimas outras meninas e apaixonou-se pelas disciplinas humanísticas. Depois frequentou o Instituto Técnico Pietro da Vinci, e quando se formou queria se matricular na Faculdade de Medicina, apesar da oposição de seu pai, que desejava para ela um futuro de professora. Não podendo, porém, ingressar no curso de Medicina (que era reservado apenas para quem tivesse feito o ensino médio clássico), primeiro frequentou as disciplinas de Biologia por dois anos e depois transferiu o curso para Medicina. Muitas biografias atuais apresentam Montessori como a primeira mulher a frequentar essa faculdade: na realidade, ela não foi a primeira, mas certamente se tratava de um caminho percorrido até então por pouquíssimas mulheres, contra os preconceitos da época. A primeira mulher a se formar em Medicina fora Ernestina Paper, em 1877, em Florença; depois dela, apenas algumas outras seguiram corajosamente seu exemplo. O fim do século XIX e os primeiros anos do século XX, no entanto, viram algumas figuras femininas muito importantes que alcançaram notoriedade na Europa ao se estabelecerem em campos científicos: Anna Kuliscioff formou-se em Ginecologia em Nápoles, em 1886; Maria Sklodowska Curie entrou em 1882 na Sorbonne, na Faculdade de Física, recebeu o Prêmio Nobel de Física com seu marido em 1903, e um segundo Prêmio Nobel, em Química, em 1911; Anna Fraentzel formou-se em Ciências Naturais em Roma em 1883 e depois participou ativamente da campanha de profilaxia contra a malária. São exemplos ilustres de mulheres que, lutando contra os preconceitos da época, abriram caminho para o lento e árduo, mas imparável, processo de educação das mulheres.

Quando Montessori se matriculou em Medicina, em 1892, não teve uma vida fácil: a faculdade era toda masculina, os estudos obrigaram-na a lidar imediatamente com situações difíceis, como a dissecação de um cadáver, evento que a perturbou profundamente, como recordará em alguns escritos posteriores, ou situações de isolamento, que a viam como a única mulher a quem se olhava com desconfiança ou sarcasmo. Encarou esse caminho com coragem, dedicação e sua determinação habitual, apoiada abertamente por sua mãe, Renilde, que a incentivava a continuar os estudos e se orgulhava de vê-la animada, apaixonada e curiosa. Já como estudante, Montessori demonstrava um traço que a distinguiria no futuro: a tendência contínua a questionar-se com lucidez e vigor sobre os aspectos éticos da profissão e o interesse pelas causas sociais dos problemas de saúde.

Um mundo em rápida transformação

Todo esse interesse se combinava nela com a curiosidade e a paixão com que acompanhava as rápidas mudanças na medicina e nas ciências, que, no fim do século XIX e nos primeiros anos do século XX, foram atravessadas, em todo o mundo, por um fervor talvez sem paralelo em comparação com outras épocas históricas: apenas para mencionar alguns acontecimentos importantes, lembremos que Pasteur descobriu o processo de pasteurização, que possibilitou conservar por longos períodos muitos produtos (leite, vinho etc.) e deu um poderoso impulso ao comércio; a indústria farmacêutica descobriu uma substância que se tornaria a aspirina e desenvolveu as primeiras vacinas; a célula foi identificada como uma unidade biológica elementar. Essas descobertas andaram de mãos dadas com rápidas transformações que se verificaram na Europa e em algumas partes do mundo em muitas áreas: a eletricidade foi descoberta e, em seguida, o telégrafo e o telefone foram inventados; as primeiras câmeras foram desenvolvidas, e em 1894 os irmãos Lumière fizeram seu primeiro filme, iniciando a era do cinematógrafo; começaram a ser praticadas as primeiras formas de refrigeração e congelamento, que mudariam os rumos do mercado de alimentos; a indústria química e a siderúrgica produziram pela primeira vez corantes sintéticos, o plástico, a dinamite; em 1885, o motor de combustão interna foi aplicado às carruagens: nasciam os primeiros carros, inicialmente reservados apenas aos mais ricos. Infelizmente, essas mudanças também estavam relacionadas com a expansão da indústria em grande escala em muitas áreas e com uma piora das condições de vida dos trabalhadores, que muitas vezes eram forçados a cumprir extenuantes turnos de doze horas em fábricas lotadas e em péssimas condições de higiene.

Além disso, a face das cidades também mudava completamente, como resultado tanto das migrações substanciais do campo quanto das descobertas e invenções. Em muitas cidades, novos bairros foram criados, às vezes demolindo muralhas antigas e, em alguns casos, construindo largas avenidas arborizadas. Na França, na Alemanha e no Norte da Itália, nasceram os condomínios, estruturas habitacionais de vários andares, e em alguns bairros se difundiu a iluminação a gás e depois a iluminação elétrica. Em alguns casos, as mudanças foram extremamente rápidas: em Milão, em 1876, foi inaugurada a primeira linha de bonde puxada por cavalos, a Milão-Monza, e em 1877 foi a vez da segunda linha, a Milão-Saronno, mas já em 1893 a Companhia Edison procedeu à substituição dos bondes puxados por cavalos por carros de tração elétrica. Em Roma, em

1877, a primeira linha de bonde urbano, a Piazzale Flaminio-Ponte Milvio, foi inaugurada, e em 1879 o bonde puxado por cavalos na linha Termini-Verano foi inaugurado; em 1890, o primeiro bonde elétrico foi testado.

Contudo, esses fenômenos não se verificaram de forma uniforme em toda a Itália: enquanto Milão e Turim estavam muito urbanizadas no fim do século XIX e início do século XX, equipadas com um bom sistema de esgoto, uma rede de transporte público, iluminação e conexões ferroviárias, Roma experimentou uma expansão mais complexa e trabalhosa. As cidades menores ou o campo, por outro lado, ainda estavam em condições pré-industriais. Como veremos, Maria Montessori viu-se então trabalhando nesses contextos tão diferentes e tão sujeitos a mudanças, sempre muito sensível às questões das mudanças sociais, quando, anos depois, desenvolveu seu método.

Nesse mundo tão marcado por mudanças tecnológicas e descobertas científicas, Maria Montessori foi, durante sua juventude, uma aluna muito ativa e teve a sorte de frequentar uma faculdade que na época reunia professores renomados, apaixonados e qualificados. Em particular, eram professores muito atentos à questão da responsabilidade social e política da medicina: com efeito, propuseram uma nova abordagem para o grave problema das doenças endêmicas, como a malária, a pelagra e o raquitismo, enfatizando que elas eram causadas sobretudo pelas condições ambientais e pelas situações sociais. Maria Montessori seguiu as lições de Angelo Celli, professor de Higiene, dedicado ao estudo da malária, que fundou com sua esposa, Anna Fraentzel, no bairro Trastevere, em Roma, uma clínica para a divulgação gratuita de informações de higiene e saúde para as famílias mais pobres, tendo mais tarde se empenhado na recuperação dos pântanos do interior de Roma. Em seguida, assistiu às palestras sobre fisiologia social de Jacob Molescott, que estava muito atento ao problema das más condições de vida das classes desfavorecidas; apaixonou-se pelas palestras de Clodomiro Bonfigli, que dirigia o Hospital Psiquiátrico de Santa Maria della Pietà e que, contrastando com as ideias de Cesare Lombroso, sustentava que a doença mental também estava ligada a fatores ambientais, como a vida em condições de marginalidade social e econômica. Maria Montessori, que já estava inclinada a considerar os aspectos sociais dos problemas médicos, certamente também foi influenciada pelas personalidades carismáticas e qualificadas dos seus professores e pela sensibilidade deles às condições de vida das classes menos abastadas. Fez um percurso brilhante e conseguiu ganhar um prêmio de mil liras (um valor considerável para a época), graças a um trabalho sobre patologia geral. Apaixonou-se em particular pela psiquiatria e colaborou com Clodomiro Bonfigli. Quando este último foi eleito para o Parlamento, Montessori pediu a seu sucessor, Ezio Sciamanna, que orientasse a sua monografia, de cem páginas, intitulada *Contribuição clínica para o estudo das alucinações de conteúdo antagônico*. A defesa da monografia ocorreu em 10 de julho de 1896. A futura pedagoga obteve a nota 104 de 110, não obstante a originalidade, a lucidez e o rigor metodológico de seu trabalho: segundo algumas biografias, o insucesso em tirar a nota máxima talvez também se deva aos preconceitos contra as mulheres. O ano de 1896 não foi somente de sua formatura, mas também de outros desafios que naquela época se apresentavam com força em sua vida.

O amor e a maternidade

Após 1895 e durante o ano de 1896, Montessori trabalhou no Instituto de Higiene, dirigido então por Angelo Celli, onde conheceu Giuseppe Ferruccio Montesano: com Sante de Sanctis, transferiram-se no ano seguinte para a Clínica Psiquiátrica de Roma, onde realizaram algumas pesquisas sobre as doenças mentais, formando uma equipe que mais tarde marcaria a história da psiquiatria italiana. Maria Montessori era uma jovem estudante de graduação e depois graduada, atraente, vívida e apaixonada. Giuseppe Montesano era um psiquiatra muito promissor: tinham em comum o interesse pela psiquiatria infantil e o desejo de se dedicarem ao cuidado e à assistência de crianças oligofrênicas ou deficientes (ou seja, com transtornos mentais, atrasos de aprendizagem ou distúrbios comportamentais). A parceria, inicialmente profissional, rapidamente se transformou em um vínculo afetivo intenso.

Giuseppe Montesano era filho do conhecido advogado Leonardo Montesano e de sua segunda esposa, Isabella Schiavone, irmão mais novo do matemático Domenico Montesano. Nasceu em 1868 em Potenza e, tendo-se mudado para Roma, formou-se brilhantemente em Medicina em 1891. Em seguida, continuou sua pesquisa com especial atenção à situação dos menores oligofrênicos, crianças com transtornos psíquicos de variada gravidade e diferentes causas, que eram trancafiadas em manicômios com adultos, em condições de promiscuidade e negligência. Enquanto se dedicava a essa pesquisa, teve a oportunidade de conhecer Montessori, com quem discutiu as possibilidades de cuidar das crianças e compartilhou o projeto de pôr em prática métodos de educação e recuperação especificamente pensados para elas.

Juntos, dedicaram-se a pesquisas muito avançadas para a época, com o objetivo de distinguir os diferentes transtornos, e, ao mesmo tempo, trabalharam mantendo contato com experiências e grupos de trabalho europeus. Os dois trabalharam lado a lado e tiveram um relacionamento amoroso, apesar de uma profunda diferença de temperamento: Montessori era determinada, impetuosa, brilhante; Montesano era calmo, cauteloso, perspicaz. Não temos muitos detalhes sobre essa relação afetiva: nos anos seguintes, Maria nunca se deteve para falar sobre o assunto, fiel ao seu temperamento vivaz na profissão, mas muito tímido e relutante em revelar aspectos autobiográficos.

Montessori e Montesano continuaram a trabalhar juntos intensamente por alguns anos: tornaram-se parte da Liga Nacional para o Cuidado e a Educação das Crianças Deficientes, uma associação que reunia muitas mulheres da aristocracia romana e da burguesia rica, médicos, expoentes da cultura da época, como o famoso poeta Giovanni Pascoli: a Liga visava difundir uma nova imagem das crianças oligofrênicas, e Montessori era muito ativa proferindo palestras em muitas cidades italianas.

Em 1900, os dois pesquisadores fundaram juntos a Scuola Magistrale Ortofrenica: estavam de fato convencidos da possibilidade de recuperação das crianças com distúrbios psíquicos e da necessidade de formar adequadamente professores que pudessem propor métodos educacionais especificamente pensados para essas crianças.

No fim de 1897 Montessori engravidou, e nesses meses realizou algumas viagens para o exterior, que provavelmente também lhe permitiram manter a gravidez escondida. Em 31 de março de 1898, nasceu seu filho, Mario. Montessori achou-se diante de uma escolha dolorosa e complexa: ela não era casada com Giuseppe Montesano e uma maternidade fora do casamento seria fortemente condenada do ponto de vista moral, significando o fim de sua carreira como estudiosa; mas o casamento também seria incompatível com a trajetória de pesquisadora, já que naquela época era uma profissão — especialmente em certos níveis — que não era tolerada para uma mulher casada. Montessori decidiu não reconhecer o filho, que foi registrado como Mario Pipilli, filho de "pais desconhecidos", tendo sido confiado à família Traversa em Vicovaro, uma pequena cidade perto de Tívoli.

Os biógrafos debruçaram-se sobre esse momento tão dilacerante da vida da pedagoga, tendo alguns levantado a hipótese de que a escolha de não reconhecer o filho também foi tomada em razão dos conselhos de sua mãe, Renilde, que via na maternidade um obstáculo considerável para a carreira já iniciada e satisfatória da filha. Sua bisneta Carolina, reconstruindo esses acontecimentos, observa que Montessori se viu diante de uma alternativa "impossível"; provavelmente desejosa de participar com seus talentos e energias de um momento tão significativo e vívido da vida cultural, social e científica italiana e europeia, ela teve de desistir de mostrar uma maternidade infelizmente inaceitável para a sociedade da época. Montessori e Montesano comprometeram-se a não se casar, nem um com o outro, nem com outros, e a acompanhar como quer que fosse o crescimento do menino: a doutora ia periodicamente visitar o pequeno em Vicovaro, e os dois continuavam a trabalhar lado a lado.

Esse equilíbrio muito frágil foi rompido alguns anos depois. Em 1901, Giuseppe Montesano decidiu se casar: em setembro reconheceu oficialmente o filho para obter o poder familiar e uma semana depois se casou com Maria Aprile. Maria Montessori ficou profundamente amargurada e ferida com essa traição, que a deixou perplexa, obrigando-a provavelmente a rever a imagem talvez idealizada que fizera dele: decidiu cortar definitivamente qualquer vínculo com Montesano e, por isso, deixou a Clínica Psiquiátrica de Roma e a Escola Ortofrênica.

Até 1905 o pequeno Mario viveu no interior, junto à família Traversa, recebendo visitas da mãe, que chegava elegante, sorridente e gentil e passava algumas horas com ele; com ele também cresceu seu irmão de leite Liberato Traversa, com quem Mario sempre manterá relações muito afetuosas e que se formará em Engenharia e depois se casará com uma cara aluna de Maria Montessori, Lina Olivero.

O pai, Giuseppe Montesano, custeará seus estudos e o seguirá apenas a distância, sem travar uma relação aberta e significativa com ele; não terá outros filhos e dedicar-se-á inteiramente a uma brilhante carreira de psiquiatra: continuará a trabalhar na Scuola Ortofrenica, depois de Maria Montessori a ter deixado, e a dedicar-se ao ensino universitário. Promoveu o estabelecimento de turmas de estágio, dentro das quais os futuros professores poderiam experimentar métodos e instrumentos para a educação das crianças "anormais": essa sua intuição, que Montessori também compartilhara, deu origem ao estabelecimento das primeiras classes "diferenciais", reconhecidas por um Decreto Real de 1928 e destinadas à educação e instrução de crianças com problemas, por meio do uso de subsídios compensatórios e materiais específicos. Montesano morreu pouco depois de Montessori, em 9 de agosto de 1961, aos 92 anos, e foi sepultado com um funeral de Estado.

A doutora não quis ter mais contato com ele, e nunca falou dessa relação; ela também manteve oculta a existência de seu pequeno Mario. Enquanto o filho recebia cuidados em Vicovaro, Maria dedicava-se fervorosamente a uma luta que julgava fundamental, a dos direitos das mulheres.

As lutas das mulheres pelas mulheres

O fim do século XIX e os primeiros anos do século XX foram um período vital e crucial para a história das mulheres: excluídas do direito ao voto em todos os Estados, deixadas à margem da instrução, discriminadas e exploradas no mundo das fábricas, as mulheres começaram a dar vida a organizações que pela primeira vez ocupavam a cena pública. Em 1872, consolidou-se na Inglaterra o movimento das sufragistas, ironicamente chamadas de *suffragettes*, mulheres que organizavam eventos e iniciativas para obterem alguns direitos importantes: o direito ao voto ou ao sufrágio, o direito à instrução, a previdência para as mães trabalhadoras, as mudanças no direito de família (que proibia as mulheres de comprar ou vender seus próprios bens, administrados pelo marido). Ao lado dessas organizações muito ativas e corajosas, em muitos países ocidentais, as mulheres conquistaram a cena pública criando associações que em parte se engajavam na luta por direitos, e em parte se dedicavam com fervor e profunda sensibilidade a iniciativas voltadas para a solução dos graves problemas sociais. Também na Itália, no fim do século XIX e nas duas primeiras décadas do século XX, multiplicaram-se as sociedades femininas de ajuda mútua e os debates sobre a condição da mulher promovidos por círculos de mulheres de letras, senhoras nobres e ativistas. No que diz respeito à Itália, a ativista Anna Maria Mozzoni traduziu em italiano, em 1870, o tratado de John Stuart Mill *A sujeição das mulheres* e organizou conferências no Centro e Norte da Itália sobre o tema dos direitos das mulheres. Em Milão, em 1899, Ersilia Bronzini Majno, com algumas ativistas milanesas (Ada Negri, Nina Rignano Sullam, Jole Bellini Bersellini, Rebecca Berettini Calderini e Antonietta Rizzi Pisa), fundou a União Nacional das Mulheres, uma associação para "a elevação e educação da mulher, a defesa da infância e da maternidade". Em 1879, Anna Kuliscioff e Alessandrina Ravizza abriram uma clínica ginecológica gratuita no Corso di Porta Romana, em Milão, destinada a mulheres das classes pobres. Em Nápoles, Olga Ossani Lodi, jornalista e escritora, empenhou-se fervorosamente no socorro à população durante a trágica epidemia de cólera de 1884; em seguida, mudou-se para Roma, promoveu um salão cultural muito animado e fundou a revista *La Vita*, em cujas páginas lutou pela melhoria da condição das mulheres.

Montessori entrou em contato com muitas dessas mulheres, nos anos de sua graduação ou imediatamente depois, e compartilhou com fervor suas ideias: a reivindicação do direito ao voto para as mulheres; a denúncia das condições de exploração das trabalhadoras nas fábricas; a necessidade de promover a educação das meninas; a valorização do papel da mulher na família e no lar; a proteção da infância.

Em março de 1896, três meses antes de se formar, a médica participou das atividades de um grupo de mulheres promovidas por Rose-Mary Amadori, editora da revista *Vita Femminile*, e logo se tornou secretária dessa associação. O programa proposto era muito corajoso: a associação pretendia promover o espírito de solidariedade entre as mulheres, pedir o direito ao voto, a possibilidade do divórcio, a reforma do direito de família, a laicidade do ensino escolar; também defendia o ideal de pacifismo universal, em nome da fraternidade entre todas as mulheres do mundo. Em junho, próximo à defesa de sua monografia, Montessori foi escolhida pelos membros da associação para participar do Congresso Internacional de Mulheres, que pela primeira vez foi realizado na Europa, em Berlim, de 20 a 26 de setembro daquele ano. Montessori teve de viajar centenas de quilômetros em um trem a vapor e permanecer na cidade por alguns dias: uma *vaquinha* foi feita para contribuir para as suas despesas de viagem, e um grupo de mulheres de sua cidade natal, Chiaravalle, orgulhosamente arrecadou a quantia de cinquenta liras; outras mulheres também se engajaram e colaboraram para a organização dessa viagem, que representou a primeira oportunidade para as associações de mulheres italianas se fazerem conhecidas no exterior e terem suas vozes ouvidas de um palco prestigiado e relevante, contando com o eco dos jornais e revistas da época.

Chegando a Berlim, em um ambiente animado, com mais de quinhentas delegadas da Europa, dos Estados Unidos e da Índia, Montessori fez duas comunicações: uma dedicada à educação das mulheres na Itália, à luta contra o analfabetismo, ao papel das associações de mulheres; a segunda abordou o grave problema da desigualdade salarial das mulheres no mundo do trabalho. Os dois discursos demonstraram com clareza as suas posições, que mesclaram a atenção aos problemas das mulheres com o apaixonado engajamento civil e social. Montessori enfatizou que a emancipação da mulher e a igualdade salarial eram um direito que não poderia conflitar com a maternidade e a família, pois somente uma mãe e esposa tratada com dignidade no mundo do trabalho, adequadamente educada e consciente de si mesma e de seu valor poderia se tornar um recurso fecundo e vital para seu companheiro e seus filhos. Um discurso apaixonado e lúcido, que conseguiu conciliar as diferentes posições que em realidade estavam presentes nas associações de mulheres italianas. Montessori movia-se no palco com graça, mas também com determinação: suas contribuições foram resultado de um intenso trabalho de preparação e traziam argumentos muito racionais, detalhados, acompanhados de dados e exemplos.

Os seus discursos foram um verdadeiro triunfo: o público aplaudiu, a imprensa presente celebrou essa oradora tão entusiasmada, mas também tão eficaz, tão tocante e tão lúcida.

Em 26 de setembro de 1896, no dia seguinte, o *Corriere della Sera*, o mais importante jornal italiano, noticiou:

> A presença da senhorita Dra. Montessori fez desaparecer o sarcasmo dos lábios dos cavalheiros de fraque, e um sorriso de complacência, de vitória apareceu nos das senhoras. Com uma delegada como essa, o resultado do Congresso está garantido! [...] O discurso da senhorita Montessori, com aquelas cadências musicais, com o gesto comedido de seus braços devidamente enluvados, teria sido um triunfo – mesmo sem seu diploma de doutorado e

ambições emancipatórias –, um triunfo da graça feminina italiana.[1]

Um julgamento extremamente brilhante que teve eco internacional, mas que deixou Montessori com um sentimento de insatisfação e constrangimento: em uma carta escrita logo em seguida, endereçada a seus pais, ela descreveu sua decepção em ler no jornal o apreço mais por suas graças e beleza do que pelo valor científico de suas palavras.

A partir desse momento, Montessori tornou-se uma figura pública e teve de trabalhar intensamente para provar que era, além de bonita, inteligente.

---

[1] Referido em: GIOVETTI, Paola, *Maria Montessori. Una biografia*, Roma: Mediterranee, 2009, p. 19.

SEGUNDA PARTE

A DIMENSÃO PÚBLICA

O engajamento pelos direitos das mulheres e das crianças

O engajamento de Maria pela causa das mulheres tornou-se cada vez mais intenso e apaixonado nos anos que se seguiram a 1896.

Em 1899 ela foi enviada a Londres, para representar a Itália no *International Council of Women*, com a jornalista Olga Lodi, diretora da revista *La Vita*, dedicada ao debate sobre o direito ao voto para as mulheres. O nome de Montessori foi indicado tanto pelo ministro da Educação Baccelli quanto pela condessa Lavinia Taverna, presidente da comissão provisória para a constituição do Conselho Nacional das Mulheres Italianas.

Os discursos proferidos pela médica tocaram alguns temas que haviam se tornado candentes para aqueles tempos: em particular, ela pediu com vigor que o trabalho infantil fosse eliminado, especialmente nas minas, e denunciou firmemente as péssimas condições de trabalho das professoras rurais. Eram problemas que naquele período enchiam as páginas de algumas revistas de associações de mulheres, comprometidas com a proteção da infância e com a valorização do papel das mulheres. De fato, é preciso lembrar que, no início do século XX, as fábricas, especialmente no Norte da Itália, impunham condições de trabalho extremamente duras, tanto do ponto de vista da jornada de trabalho, dos salários, dos riscos de adoecimento quanto dos mecanismos da previdência social ou de subsídio em razão de doença ou desemprego. Nessa situação de dificuldades e miséria, criou-se paradoxalmente uma perigosa dinâmica de competição: de um lado, os trabalhadores aceitavam condições difíceis e baixos salários, mas, de outro, as mulheres e as crianças, devido a uma legislação deficiente, entravam no mundo do trabalho com salários ainda mais baixos e com proteções e direitos ainda mais limitados, constituindo uma espécie de competição degradante e contribuindo para o aumento da exploração indiscriminada. Uma consequência paradoxal dessa situação foi representada pela hostilidade, explícita ou latente, por parte dos trabalhadores homens em relação às mulheres e às crianças: os indivíduos mais fracos, portanto, também eram detestados por uma parte da classe trabalhadora. Ao mesmo tempo, a legislação sobre o trabalho assalariado permitia uma grande autonomia aos empregadores. As associações de mulheres, em particular, estavam pressionando, tanto quanto possível, por uma lei que regulamentasse o trabalho infantil, pelo menos colocando um limite para a idade da primeira contratação e um teto para o número de horas trabalhadas por dia[2]. Meninos e meninas eram constantemente submetidos a situações de exploração: só para dar um exemplo, as crianças eram muitas vezes vendidas, por famílias desesperadas, a manufaturas e industriais, para serem empregadas nas tarefas mais cansativas e perigosas, como a da limpeza das chaminés ou a do *gamin* (termo do dialeto milanês), isto é, do pequeno operário que trabalhava o vidro em frente ao forno a temperaturas acima de 100 graus[3]; as meninas, por outro lado, eram muito utilizadas em alfaiatarias e casas de costura para entregar materiais e produtos, e sofriam abusos e violências tanto nas lojas quanto nas ruas[4]. Nesse contexto, uma condição particularmente desumana era a das crianças empregadas nas minas, usadas desde os sete ou oito anos de idade para a extração de carvão, enxofre ou outros materiais, forçadas a trabalhar até doze horas por dia, e muito requisitadas tanto por sua docilidade e resignação quanto por seu pequeno físico mais adequado aos túneis estreitos das minas.

---

[2] SEVESO, Gabriella; FINCO, Daniela. Le Associazioni delle donne e i diritti dell'infanzia in Italia (1861-1930) - As Associações das Mulheres e os direitos da infância na Itália (1861-1930). *Zero-as-Seis*, 19, 36, p. 177-192, 2017. DOI 10.5-007/1980-4512.2017v19n36p177. p. 177-183.

[3] MAPELLI, Barbara; SEVESO, Gabriella. *Una storia imprevista*. Femminismi del Novecento ed educazione. Milano: Guerini e Associati, 2003.

[4] SEVESO, Gabriella. La relazione fra generi e generazioni e la tutela dell'infanzia: la maternità sociale di Ersilia Bronzini Majno. *In*: CAPUCCIO, Giuseppa; COMPAGNO, Giuseppa; POLENGHI, Simonetta (ed.). *30 Anni dopo la Convenzione Onu sui diritti dell'infanzia. Quale pedagogia per i minori?* Lecce-Rovato: PensaMultimedia, 2020. p. 318-326.

Precisamente contra esse fenômeno de exploração inaceitável, Montessori assumiu uma posição firme e vibrante no seu discurso em Londres: por um lado, defendeu o projeto de lei então em discussão no Parlamento, que proibia o emprego de crianças com menos de catorze anos nas minas; por outro lado, de modo mais geral, recordou o direito de meninos e meninas à tranquilidade, ao respeito e à educação, dando voz às demandas compartilhadas por algumas mulheres nobres ou burguesas ativamente engajadas na luta pela proteção das crianças e por algumas atuantes associações de mulheres. A médica estava profundamente convencida de que justamente as mulheres poderiam lutar pela defesa e assistência de meninos e meninas em dificuldade ou explorados: dessa forma, as mulheres desempenhariam uma função de "maternidade social", ou seja, de cuidado em relação aos problemas sociais e da comunidade.

Outro tema fundamental que Montessori abordou em Londres foi o do trabalho feminino, exortando as mulheres a lutarem unidas e solidárias, para além das simpatias ou posições políticas, religiosas e sociais e enfatizando que a emancipação das mulheres no mundo do trabalho tinha de passar, antes de tudo, pela consciência das mulheres sobre seus direitos e recursos.

Uma categoria de trabalhadores à qual Montessori fez referência nessa ocasião foi a das professoras rurais. Naquela época, os salários dos professores eram diferentes em termos de gênero: os homens recebiam um terço a mais do que as mulheres; além disso, havia uma diversificação ligada à categoria da instituição onde lecionavam: os professores e professoras da cidade recebiam um salário mais alto do que os do campo. Assim, nas áreas rurais do país, os prefeitos tendiam a contratar professoras, que eram menos onerosas para os cofres esgotados do município, e as professoras muitas vezes se viam tendo de lecionar longe de seus locais de origem, em áreas inacessíveis, sem nenhuma possibilidade de intercâmbio e relacionamento com as colegas, em muitos casos sem um preparo sólido, sem a possibilidade de integração social. Além disso, as professoras rurais, que muitas vezes lecionavam em escolas de meninas, desenvolviam um trabalho mais exigente, pois tinham de ensinar tarefas domésticas a elas, mas recebiam salários mais baixos.

Em seu discurso em Londres, Montessori denunciou com coragem e perseverança essa situação e enfatizou o papel fundamental das professoras na formação das crianças e na preparação dos futuros cidadãos: por isso, pediu um compromisso explícito das instituições políticas, que deveriam apoiar a emancipação das mulheres e reconhecer o alto valor cívico e educacional do papel das mães e professoras.

Eram ideias que a pedagoga reiterava não só no Congresso de Londres, mas também em muitas outras ocasiões: era uma jovem elegante, com gestos fluidos e agradáveis, com uma linguagem muito musical, belos chapéus da moda, um comportamento decisivo mas gracioso, muito diferente de muitas feministas da época, que ostentavam roupas masculinas e que muitas vezes se enfureciam com tons acalorados e polêmicos em posições radicais. Montessori era muito requisitada e viajava muito, organizava conferências e seminários em muitas cidades italianas: uma das mais famosas foi a realizada em Milão, em 1899, intitulada "A nova mulher: sobre o papel do emancipacionismo feminino": o discurso destacou que a maternidade pode e deve ser conciliada, para as mulheres, com a possibilidade de elevação cultural, de engajamento cívico, de emancipação social; mas não só. Montessori declarou que as mulheres não eram inferiores aos homens, nem a ciência pode prová-lo, mas os preconceitos dos cientistas, homens, haviam criado uma concepção da mulher como um ser limitado e subordinado. Posições semelhantes foram expressas em 1902 no Salão da Associação de Imprensa, durante sua palestra "O caminho e o horizonte do feminismo". Nessa ocasião, a médica reiterou:

> [...] com a conquista da independência econômica, com a experiência e a consciência adquiridas nas lutas sociais, não só ela será livre na escolha do homem, mas também se tornará sua verdadeira companheira, sua colaboradora, sua amiga, sua irmã social. O casamento, se não tiver mais nenhum aspecto utilitário, será enobrecedor no amor verdadeiro e completo, que une coração e intelecto.[5]

---

[5] MONTESSORI, Maria. La via e l'orizzonte del femminismo. *In*: CATARSI, Enzo. *La giovane Montessori*. Ferrara: Corso, 1995. p. 148-152.

Com a emancipação da mulher no mundo do trabalho, segundo Montessori, o casamento finalmente se transformaria em um vínculo desejado por duas pessoas livres e a maternidade se tornaria uma escolha consciente.

Essa forte tensão ética e civil, esse engajamento apaixonado pela proteção das mulheres e das crianças, essa marcada sensibilidade e atenção às causas sociais dos vários fenômenos caracterizarão sempre as suas obras e as suas concepções.

Evidentemente, Montessori estava muito atenta e consciente dos problemas sociais particulares da época, e seus discursos corriam, de fato, paralelamente a alguns eventos importantes, como, por exemplo, a onda de greves que varreu a Itália em 1901 e que viu as mulheres na vanguarda: mostraram-se particularmente ativas as debulhadoras no Vale do Pó, as trabalhadoras do setor têxtil, as empregadas na agricultura, pedindo direitos e igualdade salarial em relação aos homens.

Justamente graças ao empenho das associações de mulheres e às posições assumidas por mulheres muito conhecidas e respeitadas, entre as quais também Montessori, chegou-se à aprovação, em 1902, da primeira lei italiana para proteger o trabalho das mulheres e das crianças, que constituiu uma espécie de mediação entre a proposta mais radical dos socialistas e a moderada do governo: a lei, revelando atrasos consideráveis em relação a outros países europeus, aumentou a idade mínima para o acesso ao trabalho industrial para doze anos, e para o trabalho noturno para quinze anos; proibiu igualmente as mulheres e os menores de trabalharem nas minas e limitou o horário de trabalho diário a doze horas para as mulheres e a onze para os menores; por fim, previa uma licença mensal para o parto e um fundo para a maternidade.

Foi uma vitória parcial, mas importante para aqueles que, como Montessori, estavam comprometidos com esses temas.

As questões sociais não eram as únicas que estavam no coração de Montessori: ela também estava engajada pela concessão do direito de voto às mulheres, uma batalha que já havia começado em muitos países europeus. Na Itália, um parlamentar propôs a ideia de conceder o direito de voto às mulheres, desde que tivessem uma formação cultural consistente, uma proposta que levaria automaticamente à exclusão de uma porcentagem altíssima de mulheres, que ainda não tinham acesso à educação. Esta moção foi respondida sem demora por Giacinta Marescotti, que na revista *La Vita*, em 20 de fevereiro de 1906, se mostrou escandalizada e instou as mulheres italianas a exigirem o direito de voto para todas. Poucos dias depois, um reclamo apareceu nessa mesma revista, em nome da Associação Pensiero e Azione, assinado por Montessori, que pedia com vigor o sufrágio feminino: "Todas as mulheres, levantai-vos! Seu primeiro dever neste momento social é pedir o voto político", afirmou com vigor. Na noite de 3 de março de 1906, o reclamo, impresso em cartazes, foi afixado clandestinamente por algumas estudantes em muros de toda Roma. Montessori foi uma das fundadoras da sociedade Pensiero e Azione, que reunia principalmente estudantes do ensino médio e superior, e que promovia debates e iniciativas pelo voto feminino. Naqueles anos, na Itália, esse debate foi muito acirrado: em 1905 foi fundado em Roma o Comitê Pró-Sufrágio, do qual participou, além de Sibilla Aleramo, Lavinia Taverna e outras, também Montessori. Enquanto isso, em muitas cidades italianas, comitês pró-voto foram formados e algumas mulheres solicitaram inscrição nas listas eleitorais, enquanto um grupo escreveu uma petição dirigida à Câmara dos Deputados e ao Senado solicitando o reconhecimento desse direito[6]. Foi um período de intenso fervor feminino: foram muitas as revistas que se dedicaram à luta pelo direito ao voto, entre as quais podemos recordar *Vita Femminile, Il Giornale delle Donne, Unione Femminile, La Donna Socialista* e *Alleanza*. O destino dessa reivindicação tomou um caminho particularmente tortuoso: o Tribunal de Apelação de seis cidades, entre as quais Florença, Veneza, Nápoles, Bréscia e Palermo, rejeitou o pedido de inscrição nas listas eleitorais apresentado por algumas mulheres. O Tribunal de Apelação de Ancona, presidido por Ludovico Mortara, por outro lado, aceitou-o, causando um enorme alvoroço, e dez mulheres, professoras de origem humilde,

---

[6] GALEOTTI, Giulia. *Storia del voto alle donne in Italia*. Alle radici del difficile rapporto tra donne e politica. Roma: Biblink, 2006.

mas determinadas nessa batalha, obtiveram provisoriamente o direito ao voto, posteriormente cassado por uma sentença da Corte de Cassação de Roma[7].

Nesse ínterim, Montessori estava empenhada em promover o direito ao voto e foi uma das intelectuais mais ativas e sensíveis, escrevendo inúmeros artigos na revista *La Vita*, repletos de esperança e otimismo. Em 1908, ela foi ao Congresso Internacional das Mulheres, que foi realizado em Roma de 23 a 30 de abril e que contou com a participação de numerosas associações italianas e de representantes de movimentos e associações estrangeiras: o congresso, preparado por muito tempo, organizado pelo Conselho Nacional das Mulheres Italianas, pretendia discutir, além do direito ao voto, de modo mais geral, o papel da mulher na sociedade, na assistência, na caridade, na escola e no mundo do trabalho. Maria Montessori presidiu a sessão "Higiene", que se concentrou em interpretações da medicina, a fim de combiná-la com a vida doméstica e escolar e, portanto, com a pedagogia. Já nessa ocasião, era possível observar os interesses da médica pela medicina e pela educação, mas também pelos problemas sociais, interesses que ressurgiriam nos anos seguintes em suas obras. Com base em um exame atento e minucioso das causas da má situação de higiene na Itália, procurou identificar soluções práticas. Discutiu a necessidade de disseminar normas essenciais de higiene doméstica e infantil entre a população; solicitou mais moradias dignas para as classes trabalhadoras; mais atendimento médico nas salas de aula; mais prevenção nos campos médico e pediátrico. A pedagoga também identificou a escola como o local ideal para uma correta política preventiva. Justamente naqueles anos, Montessori acabara de fundar as primeiras Casas das Crianças, que partiam dessas reflexões sociais e de sua sensibilidade ao tema do entrelaçamento entre condições sociais, higiene, educação e prevenção. Esse congresso contou também com a presença de uma querida aluna de Montessori, Elisabetta Ballerini, que, na sessão "Educação e Instrução", pediu a intervenção do Estado para promover a escolaridade obrigatória também para meninos e meninas com

---

[7] SEVERINI, Marco. *Dieci donne*. Storia delle prime elettrici italiane. Macerata: Liberilibri, 2022.

deficiência, difundindo ideias que a pedagoga estava colocando em prática naqueles anos nas suas experiências pedagógicas[8]. Montessori não falou na sessão dedicada à educação, mas na que era dedicada à condição moral e jurídica da mulher, apresentando uma comunicação intitulada "Moral sexual na educação". A fala posicionou-se contra a "dupla moral", que permitia a libertinagem masculina e justificava a prostituição feminina como um mal necessário: Maria enfatizava que era preciso conscientizar as mulheres para que as mães educassem seus filhos para uma sexualidade que incluísse o respeito ao outro[9].

Nessa ocasião, portanto, a médica não falou sobre o direito das mulheres ao voto, mas sobre um tema delicado, como a sexualidade, ainda que ligado à educação. O silêncio sobre o direito de voto na comunicação apresentada por ela, que se engajara tanto nos anos imediatamente anteriores, tendo criado algumas iniciativas clamorosas, poderia ter levado a pensar que Montessori começava a concentrar as suas energias em outra direção, sem, no entanto, esquecer a questão dos direitos das mulheres, tão cara a ela. A partir desse momento, suas iniciativas, suas conferências, suas publicações tomaram o caminho da atenção à infância e da reflexão sobre a relação entre os adultos e as crianças. Permaneceu nela, no entanto, a sensibilidade para com os problemas das mulheres, o anseio por uma sociedade verdadeiramente igualitária, a profunda convicção do valor das mulheres e da sua emancipação, da qual a sua vida, livre, audaz, voluntariosa, continua a ser um testemunho poderoso.

O engajamento pelos direitos das crianças: as primeiras obras e experiências na educação de crianças com deficiência

O engajamento pelos direitos das mulheres não impediu Montessori de continuar seus estudos e pesquisas como cientista, mas, ao

---

[8] PIRONI, Tiziana. *Femminismo ed educazione in età giolittiana*. Conflitti e sfide della modernità. Pisa: ETS, 2010.

[9] CONSIGLIO NAZIONALE DELLE DONNE ITALIANE. *Atti del Convegno Femminile*. Milano, 24-30 aprile 1908. Roma: Stabilimento Tipografico della Società Editrice Laziale, 1908.

contrário, esses dois elementos corriam em paralelo, e o primeiro em muitos aspectos favoreceu suas reflexões e permitiu-lhe aprofundar algumas questões relativas ao desenvolvimento das crianças, à educação de menores com deficiência mental e à relação entre adultos e crianças. Nos mesmos anos em que a pedagoga participou dos congressos das associações de mulheres, foi muito ativa no estudo de crianças definidas como "idiotas". Em 1898, apenas seis meses após o parto, participou do primeiro Congresso Pedagógico Nacional em Turim, enviada por Clodomiro Bonfigli, com quem se formou, e pelo ministro da Educação Baccelli. Foi um momento histórico muito delicado e complexo. Em 10 de setembro, à beira do lago de Genebra, a imperatriz Isabel da Áustria, conhecida como Sissi, havia sido morta pelo anarquista italiano Luigi Lucheni, que se aproximou dela escondendo um punhal em um buquê de flores. O brutal assassinato chocou a Europa e encheu as manchetes dos jornais da época, despertando indignação, mas também uma dura condenação do sistema educacional e escolar italiano, acusado de "gerar" personalidades violentas e perigosas. Montessori foi indicada como oradora no congresso por seu professor Bonfigli, psicopatologista que atuava no campo da neuropsiquiatria e que havia sido eleito deputado no Parlamento: sua longa experiência levara-o a propor uma lei sobre assistência psiquiátrica e institutos médicos pedagógicos, pois estava convencido da ligação entre patologias psiquiátricas e educação infantil. A médica chegou ao Congresso Pedagógico com a difícil tarefa de fazer as pessoas refletirem de forma equilibrada e correta, sem o clamor e a tempestade emocional despertados pelo episódio do assassinato da imperatriz Sissi, analisando a situação da escola italiana com viés científico. Nesse contexto, Maria fez um discurso bastante lúcido no qual enfatizou que a escola não poderia continuar sendo um lugar repressivo, desatento às reais necessidades das crianças, gerando quase inconscientemente marginalização e desvantagem[10]. Em um de seus escritos posteriores, Montessori recordará essa fala com a consciência de que se tratava de uma

---

[10] MOLINERI, Giuseppe Cesare; ALESSIO, Giulio Cesare (ed.). *Atti del primo Congresso Pedagogico Nazionale Italiano*. Torino, 8-15 settembre 1898. Torino: Stabilimento Tipografico F. Camandona, 1899.

perspectiva extremamente inovadora e inusitada, uma vez que uma mulher formada em Medicina e amante de disciplinas científicas propunha uma colaboração fecunda e indispensável entre medicina e pedagogia. Mesmo seus contemporâneos, no entanto, apreenderam, naquele setembro de 1898, a surpreendente originalidade e significativa incisividade de seu posicionamento, que foi recebido com atenção e sucesso pelos participantes.

O ministro da Educação Baccelli, médico, homem de vastíssima cultura, personalidade muito aberta às inovações e à liberdade de expressão, pediu a Montessori que desse palestras para professores e futuros professores para ilustrar os métodos de educação adequados para as crianças com retardo[11]. Naqueles anos, a médica realizou inúmeras conferências para diferentes públicos e dedicou-se aos seus estudos publicando na *Rivista Quindicinale di Psicologia, Psichiatria, Neuropatologia*, da qual era editor-chefe o professor Sante De Sanctis, psiquiatra e autor de pesquisas sobre crianças com deficiência mental, fundador do primeiro departamento hospitalar de Neuropsiquiatria Infantil. Tanto De Sanctis quanto Bonfigli estavam empenhados em apoiar a necessidade de não abandonar as crianças com deficiência intelectual em manicômios ou hospitais, mas de educá-las para fazê-las entrar na vida social: esses foram os primeiros passos dados pelo que mais tarde se tornaria a Pedagogia Especial. Naquela época, a Itália estava em uma condição mais atrasada que outros países europeus, como a França, que havia iniciado estudos sobre o quociente intelectual e estava prestes a instituir classes diferenciadas para a inclusão de crianças deficientes na escola. Naqueles anos, o interesse de Montessori por esses temas tornou-se cada vez mais sólido, o que também a levou a lidar de forma inovadora com realizações e ideias do exterior, para extrair delas novos estímulos e sugestões. Em 1899, a médica partiu para Londres para participar do Segundo Congresso Feminista e essa viagem foi uma oportunidade frutífera para ela conhecer a situação das crianças com retardo mental no resto da Europa. Ela também fez uma parada em Paris, onde

---

[11] CATARSI, Enzo. *La giovane Montessori*. Dal femminismo scientifico alla scoperta del bambino. Roma: Il Leone Verde, 2020.

visitou o hospital psiquiátrico de Bicêtre, no qual algumas décadas antes o francês Edouard Séguin havia elaborado um método para a educação de crianças deficientes e com retardo mental. Séguin tinha sido, no século XIX, um discípulo de Itard, médico que ficou famoso por ter tratado a criança selvagem do Aveyron, um menino de doze anos aparentes que havia sido encontrado nu e em estado selvagem nos bosques do Sul da França em 1800. A pobre criança não tinha a habilidade de articular sons compreensíveis, expressava-se apenas com rosnados e sons guturais, não permanecia na posição ereta de forma consistente, alimentava-se de frutas, vegetais e carnes cruas, era totalmente insensível ao contato e ao relacionamento com outros seres humanos. Itard, depois de uma análise cuidadosa do menino, levantou a hipótese de que ele havia ficado órfão, talvez como resultado do assassinato de seus pais por bandidos, no meio da floresta, provavelmente aos dois ou três anos de idade, até cerca dos doze: esse estado de isolamento total o mantivera em uma condição de selvageria e o privara da faculdade de articular sons e se comunicar. Itard desenvolveu um método muito articulado para a recuperação do menino, totalmente centrado na estimulação sensorial, na certeza de que sua situação cognitiva e comunicativa pudesse ser recuperada graças a esse programa educativo. O projeto de Itard, que ele documentou em um diário lúcido e comovente, foi parcialmente bem-sucedido, pois, apesar de o menino não ter recuperado a capacidade de falar, ele passou a se comunicar com outros seres humanos e a adquirir algumas habilidades relacionais[12]. Itard demonstrou, assim, pela primeira vez, a possibilidade de também educar indivíduos portadores de deficiências severas e a necessidade de elaborar programas específicos de recuperação, baseados na sensorialidade; além disso, propôs uma nova abordagem para o estudo e tratamento de crianças com deficiências ou retardos, baseada na observação científica e na consciência do entrelaçamento das dimensões sensorial, cognitiva e relacional.

Essas considerações revolucionárias foram a base do trabalho de seu sucessor Séguin, que por sua vez se empenhou na educação

---

[12] ITARD, Jean Marc. *Il fanciullo selvaggio dell'Aveyron*. Tr. It. Roma: Armando, 2008.

das crianças com retardo e deficientes no hospital de Bicêtre e, mais tarde, nos Estados Unidos. De fato, Séguin distanciou-se parcialmente das reflexões de Itard, mas continuou a atribuir considerável importância à educação sensorial e enfatizou que as crianças com retardo não são diferentes das crianças ditas "normais", mas estão na linha de um *continuum* e, portanto, podem ser estimuladas e educadas com base em um programa individualizado. Tal programa podia ser realizado graças a um material específico, que o próprio Séguin concebeu e descreveu detalhadamente em suas obras: jogos e objetos para distinguir sons, cores, propriedades (tamanhos, pesos, volumes, formas...), blocos lógicos e instrumentos para aprender a ler e escrever (cartões coloridos, letras de metal etc.); esses materiais foram elaborados e produzidos com o objetivo de promover a educação no sentido da observação, atenção e senso estético, a fim de propor uma estimulação atenta e incentivar a exploração ativa por parte das crianças[13].

Quando Montessori chegou a Bicêtre, em 1899, ela se propôs a observar o método desenvolvido anos antes por Séguin e pesquisar o texto escrito pelo médico francês para ilustrar os princípios e o uso dos materiais. Estava convencida de que o experimento de Itard com o menino selvagem de Aveyron havia sido um marco no estudo de crianças com retardo. Anos mais tarde, em seu primeiro livro, *O método* (mais tarde republicado como *A descoberta da criança*), escreverá:

> Itard foi o primeiro educador a praticar a *observação* do aluno [...] as obras pedagógicas de Itard são descrições muito interessantes e minuciosas de tentativas e experiências pedagógicas, e quem as lê hoje deve concordar que essas foram as primeiras provas da pedagogia experimental.[14]

Ela também estava convencida de que o sucessor de Itard, Séguin, havia revolucionado o campo da pedagogia especial. Sobre

---

[13] SÉGUIN, Édouard. *Traitement moral, hygiène et éducation des idiots et des autres enfantes arrieres.* Paris: Librarie de L'Académie Royale de Médecine, 1846.

[14] MONTESSORI, Maria. *La scoperta del bambino.* Milano: Garzanti, 2019. p. 25.

este, Montessori escreveu: "o mérito de ter realizado um verdadeiro sistema educacional para crianças deficientes pertence a Edouard Séguin, primeiramente professor, depois médico"[15]. A médica lera, durante seus estudos em Roma, a obra francesa de Séguin, e em Bicêtre teve a oportunidade de observar sua aplicação: para sua surpresa, porém, notou que os educadores franceses, apesar de conhecerem o método e de o terem estudado, o colocavam em prática de forma muito esquemática e estereotipada. "[...] os mecanismos didáticos eram aplicados mais do que o sistema de Séguin"[16], escreveu ela, levantando a hipótese de que não havia uma consciência real da necessidade de uma nova educação para crianças deficientes[17].

Essa experiência marcou profundamente Montessori, da qual fez um tesouro em seu retorno a Roma.

O retorno a Roma e o começo do método

Ainda em 1899, com Clodomiro Bonfigli e Giuseppe Montesano, Montessori fundou a Liga Nacional para o Cuidado e Educação das Crianças Deficientes, com o objetivo de se contrapor à assistência insuficiente dada às crianças com retardo e promover o estudo e iniciativas para a sua educação. Bonfigli, que fora eleito deputado, já havia defendido em 1897 no Parlamento a necessidade de o Estado criar institutos para a educação de crianças com deficiência mental. A ideia que unia Maria e os demais estudiosos envolvidos nessa empreitada era que, em muitos casos, as causas do retardo se encontravam em condições de grave desvantagem social e cultural e que, como quer que fosse, um programa de intervenção adequado poderia dar às crianças com retardo a possibilidade de desenvolvimento cognitivo, afetivo e relacional[18]. A fundação da Liga foi um momento fundamental na história da neuropsiquiatria infantil, da pedagogia especial e da formação das professoras.

---

[15] *Ibidem*, p. 26.

[16] *Ibidem*, p. 27.

[17] BOCCI, Fabio. *Una mirabile avventura. Storia dell'educazione dei disabili da Jean Itard a Giovanni Bollea*. Firenze: Le Lettere, 2011.

[18] MONTESSORI, Maria. Miserie sociali e nuovi ritrovati dalla scienza. *Il Risveglio Educativo*, 15, 17, p. 130-132, 10 dic. 1898.

Naquela época, com efeito, a condição das crianças com retardo ou deficientes era particularmente trágica: as crianças eram trancafiadas em manicômios promiscuamente com adultos, não recebiam nenhuma atenção ou nenhuma intervenção específica destinada a elas. Quando Montessori se propôs a lidar com esse problema, não havia diagnósticos específicos e diferenciados: qualquer criança que não demonstrasse comportamentos considerados "normais" era definida como deficiente mental, sem diferença entre deficiência, sofrimento psíquico, distúrbio de comportamento, transtornos relacionados às condições de crescimento em situações de dificuldade (família carente, orfandade etc.). As instituições em que as crianças eram trancafiadas com adultos eram semelhantes às de detenção: não visavam nem ao tratamento, nem ao bem-estar, nem ao diagnóstico, mas exclusivamente à custódia repressiva. Diante dessa situação, a médica, que havia retornado de suas viagens a Paris, Londres e pela Europa e com base no que pôde observar, convenceu-se de que agora era essencial criar cursos educacionais voltados para crianças com deficiência mental, com o objetivo de favorecer o aprendizado e o desenvolvimento de relações adequadas com coetâneos e adultos. Bonfigli encarregou-a de proferir conferências em toda a Península para aumentar a conscientização sobre a situação das crianças com retardo mental e sensibilizar sobre esse problema; o ministro Baccelli, por sua vez, lhe havia dado a tarefa de oferecer cursos de formação sobre essas questões para as professoras de Roma. Nesses anos, Montessori estava convencida de que a questão da educação dos deficientes era pedagógica e não médica, e que agora era indispensável abandonar a concepção difundida que via as crianças com retardo mental como inferiores, desenvolvendo um método voltado para elas, mas também útil aos chamados "normalmente dotados".

Em 1900, a médica, com outros membros da Liga Nacional para a Proteção das Crianças Deficientes, fundou a Scuola Magistrale Ortofrenica, o primeiro instituto destinado a formar professoras para a aplicação da pedagogia especial, oferecendo-lhes aulas em várias disciplinas, incluindo antropologia, higiene, biologia e anatomia do sistema nervoso: nessa escola, iniciou-se o uso da caderneta biográfica e do diário, em que era anotado o progresso de cada criança. Ao lado da escola, havia anexa uma sala de aula externa, na qual ficavam as crianças avaliadas aptas para o ensino fundamental. Alguns meses depois, um Instituto Pedagógico foi fundado na Via Volsci, número 50, no bairro San Lorenzo, no qual eram admitidas essas crianças e cerca de cinquenta crianças provenientes do manicômio de Santa Maria della Pietà. Aqui, Montessori iniciou um verdadeiro experimento para o desenvolvimento de seu próprio método educacional: ela mesma escreve anos depois:

> [...] mais do que uma professora primária, sem turnos de qualquer tipo, eu estava presente e ensinava as crianças diretamente das oito da manhã às sete da noite sem interrupção: esses dois anos de prática são meu primeiro e verdadeiro título na área de pedagogia.[19]

Trabalhando lado a lado com as professoras, a médica teve a oportunidade de refletir cuidadosamente sobre o papel da professora e também sobre a necessidade de uma nova formação docente. Com as crianças, a pedagoga experimentou um novo método, baseado sobretudo na educação dos sentidos, construindo um material didático muito estimulante idealizado por ela. Em seu livro *O método*, ela relembra como o desenvolvimento desses materiais foi resultado de reflexões e experimentos: afirma, de fato, ter feito uma seleção dos materiais propostos por Itard e Séguin, de alguns objetos usados pela psicologia experimental e de outros projetados por ela mesma. Com base nas reações das crianças à proposta e ao uso desses materiais, Maria projetava a modificação, eliminação ou aceitação desses instrumentos. A experimentação também dizia respeito à abordagem da leitura e da escrita, que era implementada por meio de um método original e, em todo caso, baseado nos sentidos. Depois de pouco tempo, as crianças que ela preparou foram submetidas ao exame primário em uma escola pública, ao lado daquelas consideradas como normalmente dotadas, e conseguiram obter notas altas. Esse resultado causou sensação, mas Montessori foi rápida em apontar

---

[19] MONTESSORI, Maria. *La scoperta del bambino*. Milano: Garzanti, 2019. p. 24.

que não se tratava de um milagre, mas sim de saber encontrar o método certo para despertar as habilidades dos pequenos portadores de deficiência mental; além disso, ele observou como as crianças "normalmente dotadas" pareciam não ter curiosidade, atenção e gosto pelo aprendizado:

> Esses efeitos maravilhosos eram quase milagrosos para aqueles que os observavam. Mas, para mim, os meninos do manicômio alcançavam os normais nos exames públicos, só porque foram guiados por um caminho diferente. Eles haviam sido auxiliados em seu desenvolvimento psíquico; e as crianças normais tinham sido sufocadas e deprimidas.[20]

Tratava-se de considerações que evidenciavam todas as limitações das escolas públicas da época, ancoradas em métodos muito apassivantes, repetitivos, abstratos e em uma disciplina baseada na autoridade inquestionável do professor e na repressão de qualquer iniciativa individual ou relação entre coetâneos.

Até mesmo a Liga Nacional para a Proteção da Criança Deficiente percebeu esse importante e estrondoso sucesso, que finalmente destacou a possibilidade de educar crianças com deficiência e/ou com retardo. Montessori, enquanto elaborava febrilmente seu próprio método e suas concepções originais de educação e dos processos de ensino e aprendizagem, estudava textos, escrevia artigos, esboçava diagramas e anotações, continuava a sua obra de formação de professores e dava palestras de sucesso. A sua ideia era que o professor deveria ser formado de maneira completamente diferente do que acontecia até aquele momento: cada criança deveria ser objeto de atenção individual; o ensino deveria basear-se numa observação atenta e meticulosa; o verdadeiro mestre era o ambiente, entendido como o contexto e os materiais que devem ser adequada e cientificamente projetados, predispostos e testados. Foram anos intensos e, apesar de seu forte engajamento em prol das crianças e professoras, Montessori também se dedicou ao estudo da filosofia e da antropologia. Em 1900, o ministro confiou-lhe a Cátedra

---

[20] *Ibidem*, p. 29.

de Higiene e Antropologia do Magistério das Mulheres de Roma (instituto que preparava as melhores graduadas para o ensino de disciplinas literárias, pedagogia e filosofia nas escolas secundárias)[21]. Enquanto isso, a médica continuava trabalhando lado a lado com Giuseppe Montesano, pai do pequeno Mario, que crescia no campo, junto à família que o acolhera. Montessori tornou-se muito conhecida naqueles anos, graças ao seu engajamento nas lutas pelos direitos das mulheres e graças ao seu trabalho com as crianças com deficiência mental, embora não pudesse contar com uma vida economicamente estável, já que a atuação como docente era voluntária. Cheia de entusiasmo e de projetos, viajou muito para participar de alguns seminários e congressos, e publicou artigos muito apreciados na Itália e na Europa.

No Segundo Congresso Pedagógico Nacional de Nápoles, na primavera de 1901, Montessori participou representando a Liga Nacional para a Proteção das Crianças Deficientes. Nessa oportunidade, ela fez críticas muito significativas ao método de Séguin[22]: em sua opinião, de fato, o médico francês havia baseado a intervenção educativa sobretudo na razão, com um desequilíbrio que privilegiava os aspectos intelectuais, ao passo que a educação dos deficientes não deveria negligenciar a importância do sentimento, da emoção, do senso estético. Ela também enfatizou a inadequação dos métodos tradicionais adotados nas escolas para crianças normais, baseados na disciplina coercitiva e na repetição[23]. Por fim, Montessori reiterou a necessidade da observação sistemática das crianças com retardo para que se pudesse chegar a um diagnóstico específico e a importância da capacitação das professoras e dos pais, atores relevantes no processo diagnóstico e reeducativo. O Congresso de Nápoles foi o último compromisso público da pedagoga como representante da Liga Nacional

---

[21] PESCI, Furio. L'insegnamento di Maria Montessori al Magistero di Roma. *Educazione e Scuola*, 8, 30-31, p. 107-108, 1989.

[22] SCOCCHERA, Augusto. *Maria Montessori*. Una storia del nostro tempo. Roma: Edizioni Opera Nazionale Montessori, 1997.

[23] NORME per una classificazione dei deficienti in rapporto ai metodi speciali di educazione. *In:* ATTI del Comitato Ordinatore del II Congresso Pedagogico Italiano 1899-1901. Napoli: Trani, 1902. p. 144-167.

para a Proteção das Crianças Deficientes, e logo depois abandonou seu trabalho na Scuola Magistrale Ortofrenica, em um momento em que, na realidade, os primeiros resultados extremamente satisfatórios eram evidentes. Montessori justificou essas decisões com o desejo de se dedicar ao estudo de crianças normais, embora mais tarde se lembrasse desse momento com algumas alunas como uma separação dolorosa e dilacerante, difícil de superar. Justamente por isso, algumas estudiosas levantaram a hipótese de que o afastamento da Liga e da Scuola estava, na verdade, ligado a motivações pessoais: Giuseppe Montesano, com efeito, optou naqueles meses por se casar com Maria Aprile, traindo a promessa feita a Montessori de não se casarem nem entre si nem com outrem. A pedagoga, diante do casamento de Montesano, decidiu não permanecer trabalhando ao seu lado e romper definitivamente a relação com ele.

A primeira Casa dei Bambini[24]

Após afastar-se da Clínica Psiquiátrica e da Scuola Magistrale Ortofrenica, Montessori dedicou-se com abnegação aos estudos de antropologia e pedagogia. Em 1903, tornou-se membro honorário da Sociedade Romana de Antropologia e realizou inúmeras conferências, a convite de seu orientador Luigi Credaro, que alguns anos depois se tornaria ministro da Educação. Naqueles anos, a médica escreveu algumas obras que mostraram claramente seus interesses e posições: em 1903, em *Antropologia pedagógica*, ilustrou a importância de refundar métodos educacionais e escolares voltados para crianças com deficiências e normalmente dotadas e escreveu:

> [...] a pedagogia será a medicina social e muitas vezes terá que fazer o diagnóstico de indivíduos doentes dentro do corpo social dos normais e buscar suas causas e seguir seu tratamento. Sua abordagem não

---

[24] A expressão "Casa de Bambini" foi mantida em italiano porque ela é usual no Brasil, particularmente na literatura pedagógica. A tradução dessa expressão é "Casa dei Bambini" (nota do tradutor).

é, portanto, anatômica, como a dos médicos: mas antropológica.[25]

A perspectiva proposta por Montessori passou a ser pedagógica e destacava a necessidade de estudar o ambiente e observar e estudar cada criança em sua individualidade e personalidade. Em outro escrito contemporâneo, ele enfatizou que as ações dos indivíduos tinham de ser rastreadas até a individualidade, e sobretudo a fatores históricos e sociais; no caso de atos criminosos, por exemplo, a culpa não deveria ser buscada no instinto natural:

> [...] a culpa seria antes dos pais, que a geraram mal; mas esses pais foram eles próprios vítimas de causas sociais de degeneração. Assim, a culpa, afastando-se de cada um individualmente, recai sobre todos. [...] Na sociologia, todos somos culpados das causas sociais de degeneração - todos temos o dever de contribuir para melhorar o ambiente que produz os degenerados.[26]

Nesse sentido, Montessori compartilhava uma nova concepção de desvio, visto como resultado de fatores sociais, concepção que também foi sustentada naqueles anos por alguns movimentos de mulheres e algumas expoentes do mundo feminino, como Ersilia Bronzini Majno e outras[27]. A questão social também foi destacada em um artigo de 1904, ano em que obteve sua livre-docência em Antropologia, intitulada *Influências das condições familiares no nível intelectual dos escolares. Pesquisa sobre higiene e antropologia pedagógicas em relação* à *educação*, pesquisa que destacou que as crianças de classes desfavorecidas apresentaram baixo rendimento escolar, confirmando a importância do contexto de desenvolvimento[28].

---

[25] MONTESSORI, Maria. *L'Antropologia pedagogica*. Conferenza tenuta agli studenti di filosofia nell'Università di Roma, Vallardi, Milano, 1903, poi pubblicata in Vita dell'Infanzia, XLVI, 8, ottobre 1997. p. 8-15.

[26] MONTESSORI, Maria. La teoria lombrosiana e l'educazione morale. *Rivista d'Italia*, 6, v. 2, p. 326-331, 1903. p. 330.

[27] MAPELLI; SEVESO, 2003.

[28] MONTESSORI, Maria. Influenze delle condizioni di famiglia sul livello intellettuale degli scolari. Ricerche di igiene e antropologia pedagogiche in rapporto all'educazione. *Rivista di Filosofia e Scienze Affini*, 3, 4, p. 278-322, 1904.

Alguns anos depois, o destino ofereceu-lhe a oportunidade de experimentar as suas ideias e de finalmente desenvolver um projeto articulado e orgânico do seu método educativo, graças a um contexto cultural e político finalmente sensível às questões que lhe eram caras. Nos primeiros anos do século XX, sua cidade, Roma, passava por uma transformação vertiginosa: como já mencionado, havia deixado o domínio papal e desde 1871 havia sido escolhida como capital do Reino da Itália. No fim do século XIX e início do século XX, tentava transformar-se de uma cidade provinciana e agrícola, rica em monumentos artísticos e históricos, mas completamente desprovida de classe burguesa e indústrias, numa moderna cidade europeia: foi uma transição complexa e muito lenta, uma vez que Roma ainda tinha uma população 70% analfabeta, uma nobreza muito fechada e atrasada, uma estrutura urbana desordenada, e viu uma súbita migração de massas de trabalhadores proveniente do campo atraídos por possíveis novos empregos. Entre 1870 e 1900, a população dobrou, mas não havia um plano urbanístico, um projeto claro para a reabilitação do campo que circundava a cidade, marcado pela malária, tampouco um projeto consciente voltado para a melhoria da situação social.

Em 1907, Ernesto Nathan, um judeu anglo-italiano que nascera em Londres e se mudou para a Itália, foi eleito prefeito. Fervoroso mazziniano como sua mãe, republicano, laico, já se havia envolvido como vereador em batalhas políticas como a abolição da prostituição legalizada e ocupado cargos importantes, como assessor na Administração do Patrimônio Cultural, em um período de considerável efervescência na vida da capital. Eleito prefeito com o apoio de ampla maioria (radicais, socialistas, republicanos, liberais de esquerda), realizou imediatamente intervenções muito incisivas no campo da construção civil, da educação e da municipalização dos serviços públicos. Defensor convicto da laicidade da educação, fundou inúmeras creches públicas com refeitórios, bibliotecas e cinemas. Ele aprovou um plano diretor muito inovador para a cidade e promoveu a construção de muitas obras públicas importantes, mesmo colidindo com o poder dos proprietários de terra e a aversão dos especuladores imobiliários. Em pouco tempo e com uma política muito ousada e rigorosa, mudou radicalmente a fisionomia da cidade e do seu entorno: construiu inteiros novos distritos, deu impulso à construção de estradas, municipalizou a água, criou a Oficina Elétrica Municipal e os Mercados Gerais; ele também se ocupou da recuperação do interior do município, no qual difundiu instalações médicas e de saúde.

A sua casa tornou-se o centro de um verdadeiro salão cultural, frequentado por personalidades influentes envolvidas na vida civil da época: Anna Fraentzel, enfermeira e filantropa de origem alemã, e seu marido, Angelo Celli, higienista e político, ambos engajados no trabalho de reabilitação do campo romano; o poeta Giovanni Cena, com sua companheira, Sibilla Aleramo; o literato Carlo Segrè e outros. Roma tornou-se uma cidade cheia de iniciativas e foram fundados o Instituto Autônomo Casas Populares, que construiu casas para a pequena burguesia, e o Instituto Romano dos Bens Estáveis, financiado pelo Banco da Itália, que visava renovar edifícios para famílias de estratos sociais mais baixos. Nesse contexto, o engenheiro Eduardo Talamo, fundador e diretor do Instituto Romano dos Bens Estáveis, propôs o projeto de reabilitação urbana do bairro San Lorenzo, um bairro extremamente degradado (atualmente entre as estações Termini e Tiburtina), que rapidamente se adensou devido à confluência de famílias muitas vezes extremamente pobres em busca de trabalho, ex-detentos e desempregados. O projeto de Talamo previa a construção de complexos divididos em pequenos apartamentos a serem concedidos cada um a uma família; os complexos eram dotados de grandes pátios internos arborizados e os alojamentos eram alugados às famílias com o compromisso de que fossem mantidos em condições dignas; estavam previstos, ademais, alguns serviços coletivos, como um consultório médico e uma lavanderia. Ainda não está claro se Talamo estava ciente do debate que se espalhava na Europa naquela época sobre a ideia de criar soluções habitacionais independentes equipadas com serviços para as classes populares: uma das apoiadoras de projetos semelhantes foi Octavia Hill, filantropa e reformadora inglesa, que, graças aos investimentos financeiros do escritor e poeta John Ruskin, havia iniciado um experimento em Londres para reformar e alugar casas para as classes desfavorecidas. Certamente, Talamo tinha a visão de uma "casa moderna", que deveria ser iluminada, limpa, oferecendo conforto, organizada, concedida às classes sociais mais desfavorecidas em troca de um compromisso com o cuidado dos ambientes: a reabilitação urbana, portanto, transformou-se em uma operação de elevação social, de educação das classes pobres para a vida civil e para a participação consciente na vida comunitária. Eduardo Talamo também pensou na criação de uma instituição de ensino para a reabilitação do bairro San Lorenzo, na qual as mães pudessem acompanhar seus filhos, para não deixá-los abandonados nas ruas durante o dia: sua ideia era oferecer uma creche dentro dos complexos, como um serviço gratuito, exigindo que as famílias se revezassem na manutenção das instalações. O engenheiro, com esse propósito, entrou em contato com Montessori, a essa altura conhecida em Roma e na Itália, tanto por seu engajamento pelos direitos das mulheres quanto por seu experimento realizado com crianças deficientes. A médica respondeu com entusiasmo à proposta e relegou a segundo plano sua atuação como docente para se dedicar com afinco ao projeto de San Lorenzo: abrir uma escola para crianças de três a sete anos representava para ela uma iniciativa que se alinhava com as suas ideias de justiça social e correspondia aos seus ideais de emancipação da mulher, à sua concepção do papel da mulher na sociedade, e poderia ser uma oportunidade imperdível de observar e experimentar o método não apenas com crianças com retardo mental, mas também com crianças normalmente dotadas. A esse respeito, Montessori escreve em O *método*: "A importância social e pedagógica de tal instituição me apareceu em toda a sua grandeza, e eu insisti no que parecia ser uma visão, então exagerada, de seu futuro triunfante; mas hoje muitos estão começando a perceber que eu previ a verdade"[29]. Em 6 de janeiro de 1907, foi inaugurada a primeira Casa dei Bambini, em uma ampla sala na Via dei Marsi, n. 58, com um pátio cercado. Logo após a inauguração, em 6 de janeiro, Olga Ossani Lodi, jornalista e

---

[29] MONTESSORI, Maria. *La scoperta del bambino*. Milano: Garzanti, 2019. p. 37.

literata, muito amiga de Maria e sua companheira nas lutas pelos direitos das mulheres, visitou o jardim de infância e mostrou-se entusiasmada e admirada, exclamando: "Esta é uma Casa dei Bambini!" Esse passou a ser, portanto, o nome das instituições fundadas pela pedagoga, e assim também seria traduzido no resto do mundo, quando, alguns anos depois, o modelo foi exportado. Nas paredes da nova instituição, era afixada a lista de regras a serem seguidas para a frequência: os pais que acompanhavam seus filhos não precisavam pagar nenhuma taxa, mas tinham de se comprometer a respeitar a diretora e conversar com ela uma vez por semana, para compartilhar informações sobre o desenvolvimento de seus filhos. Dessa forma, a escola desempenhou um papel importante na educação de adultos, chamando os pais a participarem conscientemente do desenvolvimento de seus filhos e criando uma verdadeira continuidade entre escola e família. Montessori havia enfatizado o papel das mães, que estavam ativamente envolvidas, e a partilha da maternidade: por meio de uma escola tão enraizada nas casas, implementava-se uma socialização da função materna:

> Outro avanço marca a "Casa dei Bambini": é o primeiro passo para a casa socializada. Desfruta-se em sua própria casa da vantagem de poder deixar os filhos pequenos em um lugar seguro, não só isso, mas também em um lugar capaz de os melhorar; e são *todas* as mães que podem usufruir dessa imensa vantagem, saindo de casa para o trabalho [...]. Passamos então a socializar uma "função materna", uma função feminina dentro de casa. Aqui, na prática, está a solução de alguns problemas do feminismo que pareciam insolúveis.[30]

Montessori projetou pessoalmente os ambientes e os materiais dessa primeira Casa dei Bambini. Recusou as habituais carteiras escolares, que não eram adequadas às necessidades das crianças, e mandou fazer um mobiliário escolar proporcionado à criança,

---

[30] MONTESSORI, Maria. Discorso inaugurale in occasione dell'apertura di una Casa dei Bambini nel 1907. *In*: MONTESSORI, 2019, p. 361-373.

mobiliário que incluía mesas de várias formas que eram muito leves e que podiam ser erguidas pelos pequenos usuários, cadeiras com dimensões pequenas e com formas anatômicas para crianças, outras mesas de diferentes tamanhos, um lavatório muito baixo, armários baixos e leves, tudo acessível às crianças, a fim de incentivar suas atividades até mesmo com água. As paredes foram decoradas com pequenas pinturas representando cenas familiares, animais, flores, ou com pinturas históricas e sacras. Alguns quadros-negros também foram pendurados na altura da criança, com pequenos recipientes com giz. O mobiliário foi pensado para transmitir tranquilidade e incentivar a autonomia da criança, que podia escolher o objeto a que se dedicar, que naquele momento respondia às suas necessidades e lhe permitia continuar no seu caminho de exploração e desenvolvimento autônomo, tornando-se um sujeito ativo, que "queria muito o que fazia"[31].

Os princípios que inspiraram a preparação do ambiente foram aqueles que a pedagoga manterá válidos também em suas realizações posteriores: ambientes arrumados, limpos, bem cuidados, mas também esteticamente bonitos; ambientes que favorecessem o movimento, a exploração, a manipulação autônoma, o trabalho individual e em pequenos grupos. Montessori também quis colocar uma reprodução da *Madonna della Seggiola*, de Rafael, uma pintura que, em sua opinião, mostrava a humanidade homenageando a maternidade e revelando o vínculo profundo entre mãe e filho e com toda a humanidade: por isso, essa pintura se fará presente em todas as Casas das Crianças. Atenção especial foi dada pela pedagoga à concepção e realização dos materiais de desenvolvimento: como ela mesma explicou em conferências e em suas obras, era composto de um sistema de objetos agrupados de acordo com uma determinada qualidade física (tamanho, cor, forma, som, rugosidade, temperatura, peso) e seguindo uma gradação dessa qualidade; por exemplo, um grupo de sinos que tocam diferentes tons musicais. Havia também algumas características que uniam ambientes e objetos. A possibi-

---

[31] MONTESSORI, Maria. *La scoperta del bambino*. Milano: Garzanti, 2019. p. 112.

lidade do controle do erro, em primeiro lugar, levava a criança "a acompanhar os exercícios com o raciocínio, com crítica, com atenção cada vez mais interessada na exatidão"[32]. A estética implicava que esses objetos (e o ambiente) tinham de ser atraentes por causa de sua beleza, luminosidade, sofisticação, e tinham de induzir o uso respeitoso e cuidadoso. Outra característica era a de serem capazes de ensejar a atividade, o interesse e o movimento da criança; outra ainda era que os objetos tivessem uma quantidade limitada, já que o excesso de materiais retarda o desenvolvimento e causa desvios que cansam e inibem o pequeno explorador. Repensando o uso dos objetos, alguns anos depois, Montessori escreveu:

> Era como se aqueles objetos fossem a chave que serve para dar corda em um relógio; depois de carregado, o relógio continuava a trabalhar sozinho: mas aqui a criança, depois de ter trabalhado, ficava mais forte, mais saudável mentalmente do que antes.[33]

As Casas das Crianças: um novo papel para as professoras

Em 7 de abril do mesmo ano, uma segunda Casa dei Bambini foi inaugurada, novamente no bairro degradado de San Lorenzo; uma terceira casa foi inaugurada em 4 de novembro de 1908 na Via Famagosta, no distrito de Prati di Castello. Ficou evidente que Montessori não pensava nas Casas das Crianças como um simples jardim de infância voltado para a educação das crianças, mas como um núcleo vivo que pulsava no seio da sociedade, que permitia que as famílias compartilhassem a experiência de criar seus filhos e de crescerem por sua vez em seu senso cívico e em sua capacidade de participar da sociedade de forma construtiva: "A 'Casa dei Bambini' tem uma dupla importância", escreve, "a sua importância social é a de uma escola dentro de casa; sua importância puramente educativa depende da aplicação do método que experimentei"[34].

---

[32] *Ibidem*, p. 114.

[33] MONTESSORI, Maria. *Il segreto dell'infanzia*. Milano: Garzanti, 1999.

[34] MONTESSORI, Maria. *La scoperta del bambino*. Milano: Garzanti, 2019. p. 42.

Por ocasião da inauguração, em 7 de abril, Montessori fez um discurso posteriormente transcrito no apêndice da nova edição de *O método*: eram reflexões muito vigorosas, apaixonadas e vibrantes, com as quais denunciou o estado de miséria social, cultural e econômica do bairro, enfatizando que as famílias viviam em um estado de promiscuidade e degradação tal que não tinham à disposição os bens de primeiras necessidades e eram embrutecidas em suas próprias relações: "Aqui para as crianças que nascem", disse,

> [...] é preciso mudar a frase: elas não vêm à luz, vêm às trevas e crescem entre as trevas e os venenos da aglomeração humana. Necessariamente suja, porque a água disponível num apartamento pobre de vários cômodos mal é suficiente e é distribuída entre vinte e trinta...[35]

Nesse discurso, Montessori não assumia uma atitude de julgamento, mas lúcida, de denúncia do estado de isolamento e indiferença em que se encontravam os pobres. Ela também acusou a pedagogia de se perder em debates às vezes estéreis: questionavam se a lição de casa dada às crianças era demasiada ou muito pouca, mas não percebiam que nesses bairros as crianças não podiam ler ou escrever simplesmente porque lhes faltava luz.

O novo bairro representava, assim, um projeto de renovação arquitetônica e urbanística, mas também de reabilitação social e de promoção de uma cultura de participação e de responsabilidade civil.

Um elemento com o qual a médica teve de lidar desde o início foi a escolha da professora tanto para a primeira quanto para a segunda Casa dei Bambini. A primeira professora dessa experiência foi Candida Nuccitelli, filha do vigilante:

> [...] admitiu-se uma pessoa que, embora tivesse iniciado seus estudos de docência no passado, trabalhava como operária e, portanto, não tinha preparo ou preconceito que, sem dúvida, influenciaria qualquer professor.[36]

---

[35] MONTESSORI, Maria. Discorso inaugurale in occasione dell'apertura di una Casa dei Bambini nel 1907. *In*: MONTESSORI, 2019, p. 363.

[36] MONTESSORI, Maria. *Il segreto dell'infanzia*. Milano: Garzanti, 1999. p. 154.

Montessori, nessa fase, decidiu mostrar à professora o uso de alguns materiais e recomendar alguns princípios fundamentais, a saber, deixar as crianças livres e observá-las diligentemente; a sua reflexão sobre a preparação e o perfil profissional foi se tornando cada vez mais articulada e sólida. Um fundamento do método montessoriano era que a professora deveria ser conhecida pelas famílias e morar no mesmo bairro, concepção que também estava presente nas propostas do feminismo anglo-saxão: a professora, de fato, além de exercer uma função dentro da escola, colocava-se como modelo para as mães, ostentava um comportamento de participação cívica na comunidade, apoiando as classes desfavorecidas em seu caminho de melhoria de vida[37]. Montessori, além de retomar os princípios do feminismo anglo-saxão relativos ao papel social da professora, começou a traçar um novo perfil profissional. Escreveu, inicialmente, a esse respeito:

> O princípio de que a professora deve submeter-se a uma preparação particular que toca seu sentimento e não consiste apenas em um estudo intelectual; e, novamente, que a educação é fundamentalmente um "contato de almas" e que a professora deve sentir "respeito e simpatia" pelas crianças que educa, é a contribuição característica de Pestalozzi para suas escolas.[38]

Esse passo já demonstrava a atenção da pedagoga a uma preparação da professora não apenas ligada ao conhecimento da disciplina, mas baseada em um caminho muito complexo que se refere a habilidades relacionais.

Do ponto de vista didático, portanto, Montessori delineou uma figura verdadeiramente inovadora da professora, que deveria abandonar o *habitus* da professora tradicional e desempenhar um papel muito mais delicado e complexo: "trata-se aqui de uma mudança radical na atividade que, antes inerente à professora, é,

---

[37] PIRONI, Tiziana. L'insegnante secondo Maria Montessori. *Ricerche di Pedagogia e di Didattica*, 2, p. 32-40, 2007.

[38] MONTESSORI, Maria. *La scoperta del bambino*. Milano: Garzanti, 2019. p. 31.

com o nosso método, deixada principalmente para a criança"[39]. A educação e a aprendizagem eram, de fato, para a médica, processos que se desenvolvem graças à interação da criança com o ambiente, dentro do qual a professora não podia e não devia realizar, como nas escolas tradicionais, discursos e explicações de conteúdo. A professora, nas Casas das Crianças, não falava, mas deixava os alunos livres para explorar o ambiente adequadamente projetado para oferecer às crianças materiais para manipularem e descobrirem:

> A professora [escreve Montessori] no entanto tem muitas e não fáceis tarefas: sua cooperação está longe de ser dispensada: mas torna-se prudente, delicada e multifacetada. Suas palavras, sua energia, sua severidade não são necessárias, mas o que é necessário é a sabedoria que consiste em observar, servir, acudir ou retirar-se, em falar ou calar-se, de acordo com as circunstâncias e necessidades. Ela deve adquirir uma agilidade moral, que até agora não lhe foi exigida por nenhum outro método, feita de calma, paciência, caridade e humildade.[40]

Na continuação de seus estudos e experimentos, como veremos, Montessori também enfatizou que a professora tinha de adquirir as aptidões típicas do cientista, em particular a capacidade de saber observar sistematicamente, a humildade que o leva a colocar-se diante dos fenômenos circundantes com uma atitude de renúncia aos próprios preconceitos e de curiosidade atenta e sensível:

> A clarividência da professora deve ser tão exata quanto a do cientista e tão espiritual como a do santo. A preparação para a ciência e a preparação para a santidade devem plasmar juntas uma nova alma, porque a atitude da professora deve ser ao mesmo tempo positiva, científica e espiritual.[41]

---

[39] *Ibidem*, p. 165.

[40] *Ibidem*, p. 165.

[41] MONTESSORI, Maria. *L'autoeducazione nelle scuole elementari*. Milano: Garzanti, 1992. p. 121.

Montessori decidiu chamar a professora de "diretora", ou seja, uma profissional que projetava, predispunha, observava, acolhia as crianças ouvindo-as e oferecendo-lhes materiais, já que o lema das Casas das Crianças era "Ajude-me a fazer isso sozinho". "Os 'objetos' [...] não são 'meios didáticos'", Montessori escreveu ainda,

> [...] mas são uma ajuda para a criança, [...] são "meios de desenvolvimento". Os objetos, e não o ensino da professora, são o principal: e como é a criança que os usa, ela, a criança, é a entidade ativa e não a professora. [*Ela*] é principalmente um ponto de ligação entre o material (os objetos) e a criança [...]. Aqui a professora nada mais faz do que facilitar e esclarecer à criança o trabalho muito ativo e contínuo que lhe é reservado: "escolher objetos" e "exercitar-se com eles".

A professora-diretora, portanto, tinha a tarefa de fazer propostas e apresentar o uso dos instrumentos e utensílios com gestos calmos, deixando a criança livre para executar, reordenar ou fazer outra coisa. Exige-se, portanto, que a professora conheça o material, estudando-o e exercitando-se, que cuide da ordem, para que a criança tenha liberdade de escolhê-lo e guardá-lo tranquilamente, que supervisione, permitindo que a criança se dedique ao seu trabalho sem ser incomodada, que coloque a criança em comunicação com o material, mostrando seu uso.

Além disso, diante desse novo perfil profissional, a professora passava a ter uma função fundamental de registro e documentação, anotando tudo o que observasse em uma pasta individual, respeitando os horários e características de cada criança.

A partir desse momento, as Casas das Crianças de Roma tornaram-se um destino para visitantes que vinham de toda a Itália e do exterior para observar o novo método educacional: em alguns casos, tratava-se de convidados famosos, como a filha de Tolstói, Tatiana, que, em 1914, fez uma visita e se surpreendeu com o clima de tranquilidade e liberdade, levando consigo alguns dos escritos de Montessori para sua terra natal. Foram muitos os aspectos revolucionários que impressionaram o público, tanto de especialistas quanto de cidadãos comuns, a começar pelo ambiente bem cuidado, harmonioso e na medida das crianças, que rapidamente se tornou famoso. A colaboração de Maria Montessori com o Instituto Romano de Bens Estáveis terminou em 1910, talvez devido a diferenças de opinião com o engenheiro Talamo, a respeito da gestão das Casas das Crianças instituídas com o patrocínio dessa instituição, mas agora o modelo já era conhecido na Itália e no exterior, e outras Casas de Crianças, subsidiadas por outras instituições ou particulares, tinham sido criadas.

Uma nova imagem da criança

A pedagogia montessoriana revelou uma nova imagem da criança:

> É cada vez mais evidente que o trabalho de construção realizado pela criança é impressionante e que tudo o que possuímos foi construído pela criança, por aquela criança que nós mesmos fomos nos dois primeiros anos de vida. Não se trata apenas, para a criança, de reconhecer o que está ao nosso redor ou de compreender e adaptar-se ao nosso meio, mas sim, num momento em que ninguém pode ser um mestre para ela, de formar o complexo do que será nossa inteligência e o esboço de nosso sentimento religioso, de nossos sentimentos nacionais e sociais particulares.[42]

A criança, para Montessori, é uma exploradora precoce desde os primeiros dias de vida e, de fato, muitas vezes o adulto é quem a atrapalha em sua livre expressão: "mesmo que ame profundamente a criança, um instinto irresistível de defesa contra ela surge no adulto"[43]. Por isso, é importante que o adulto entenda que deve "dar um passo atrás" e que deve deixar a criança ser ativa em sua relação com o ambiente circundante, devidamente preparado. Assim, Montessori

---

[42] MONTESSORI, Maria. *La mente del bambino*. Milano: Garzanti, 1999. p. 4-5.
[43] MONTESSORI, Maria. *Il segreto dell'infanzia*. Milano: Garzanti, 1999. p. 95.

recusou-se, como todos os ativistas, a identificar a disciplina na escola como a capacidade de permanecer imóvel em seu lugar: as Casas da Criança foram projetadas justamente para permitir que as crianças se movimentassem, experimentassem, adquirissem regras por meio da interação e do respeito aos outros.

Essas concepções estavam muito distantes do que acontecia nas escolas tradicionais da época, nas quais a professora explicava, as crianças eram mantidas imóveis por horas, a disciplina era obtida mediante castigos muitas vezes físicos, os erros eram perseguidos e punidos. A professora das Casas das Crianças, por outro lado, predispunha o ambiente de forma a favorecer a exploração autônoma e a escolha de atividades e materiais, respeitando, antes de tudo, a ordem, característica fundamental do ambiente, segundo Montessori: "A ordem, para as crianças, é semelhante à superfície de apoio sobre a qual os seres terrestres devem se apoiar para caminhar: equivale ao elemento líquido dentro do qual os peixes nadam"[44]. Graças a essa característica, cada criança podia encontrar objetos que fossem úteis para a atividade escolhida e podia, ao fim, guardá-los, aprendendo cuidado e respeito. Os materiais montessorianos consistiam em blocos de encaixar, objetos a serem ordenados por forma, tamanho ou cor, letras do alfabeto a serem manipuladas e reconhecidas pelo tato (liso/áspero, grande/pequeno), formas geométricas, hastes e instrumentos para contar, modelos de plantas e animais: todos eram projetados para fins lúdicos e para a potencialização sensório-motora (percepção, compreensão, clareza, ordem). Além disso, os materiais foram projetados de forma que a criança pudesse perceber o erro e autocorrigir-se: essa característica

> [...] leva a criança a acompanhar seus exercícios com raciocínio, crítica e atenção cada vez mais interessada na exatidão, com uma refinada capacidade de distinguir pequenas diferenças e, assim, prepara a criança a observar os erros, mesmo quando estes já não são materiais visivelmente evidentes.[45]

---

[44] *Ibidem*, p. 73.
[45] MONTESSORI, Maria. *A descoberta da criança*. Milão: Garzanti, 2019. p. 57.

A descoberta e a manipulação autônomas eram essenciais para o crescimento e também para a satisfação que cada pequeno aluno podia sentir por seu próprio trabalho. Dessa forma, a atividade autônoma da criança estimulava tanto o desenvolvimento de habilidades motoras cada vez mais refinadas quanto o surgimento de questionamentos mais complexos que poderiam levar à elaboração de conceitos.

Em suas Casas das Crianças, Montessori também queria que as crianças se envolvessem ativamente em atividades diárias, como pôr à mesa com cuidado, colocar os pratos e talheres, e também participassem de atividades de educação física, como subir ou descer escadas de corda, proporcionadas à altura das crianças; recomendava, nesse sentido, roupas confortáveis, calçados leves, pés descalços: o corpo das crianças tinha de ser libertado de constrangimentos que as impedissem de perceber e se mover com facilidade. Essa nova perspectiva também revolucionou o conceito de disciplina, que na escola tradicional era entendida como imobilidade, passividade e, muitas vezes, como um objetivo alcançado com o castigo físico. "Não consta que tenha sido disciplinado um único indivíduo que foi silenciado artificialmente como um mudo e imóvel como um paralítico. Este é um indivíduo aniquilado, indisciplinado"[46], escreveu a pedagoga. Nas Casas da Criança, de fato, os pequenos alunos não eram obrigados a ficar imóveis em suas carteiras ouvindo a professora ou fazendo anotações, mas podiam se movimentar pelo ambiente, dedicar-se à manipulação de materiais e fazer suas próprias experiências. Isso não causava confusão ou desordem, pois aos poucos as crianças iam se acostumando com essa organização e se apaixonavam pelas atividades às quais se dedicavam, sem que o adulto interviesse, impondo-lhes que ficassem quietas ou caladas.

A imagem da criança que a pedagoga propunha então de forma revolucionária era a de um ser ativo, descobridor, nada interessado em prêmios e doces, mas pronto para explorar, formular teorias, circular livremente no espaço. A tarefa do adulto não era apenas predispor

---

[46] MONTESSORI, Maria. *Educare alla libertà*. Milano: Mondadori, 2017. p. 22.

o ambiente, mas também respeitar o ritmo de desenvolvimento de cada um: um dos temas fundamentais da proposta montessoriana era, de fato, o da especificidade de cada criança. Também encontramos isso em alguns diários de suas alunas que se tornaram diretoras: "muito notável, justamente pelo pequeno número de crianças, foi a diversidade de modos, de caminhos, percorridos por cada um para alcançar a conquista dos vários saberes"[47], escreveu Elettra degli Uberti Roncalli, professora de uma Casa dei Bambini de Milão.

A experiência na Úmbria

Os anos imediatamente seguintes à abertura da primeira Casa dei Bambini em Roma, em 1907, foram cruciais para Montessori e para a consolidação e difusão do método: foram fundamentais nesse sentido a experiência da Úmbria e a de Milão, de que trataremos mais adiante. De fato, a médica entrou em contato, durante uma de suas conferências, com Alice Hallgarten Franchetti, aristocrata de origem norte-americana, e com o seu marido, o conde Leopoldo Franchetti: os dois eram movidos por um generoso impulso filantrópico e haviam fundado, em 1901 e 1902, em suas propriedades perto de Città di Castello, algumas escolas experimentais para filhos de camponeses: uma na Villa Montesca e outra no Rovigliano. Eles também haviam criado o ateliê Tela Umbra, que visava preservar a antiga arte de tecer da Úmbria e oferecer às mulheres locais uma profissão qualificada, melhorando suas condições de vida. Alice era muito sensível às questões da promoção social feminina e da educação da primeira infância: ao lado do ateliê Tela Umbra, abrira um jardim de infância e uma escola vespertina de economia doméstica para meninas; também esteve em contato com a pedagoga inglesa Lucy Latter, fervorosa defensora da jardinagem nas escolas e do estudo da natureza para as crianças como meio de ensinar o respeito a todos os seres vivos e a observação dos fenômenos naturais[48]. As escolas

---

[47] DEGLI, Uberti; RONCALLI, Elettra. La vita di una Casa dei Bambini. La 'Colonia Felice'. *La Coltura Popolare*, 6, 1-2, p. 33-40, 1917. p. 36.

[48] LATTER, Lucy. *Il giardinaggio insegnato ai fanciulli*. Trad. di Bice Ravà. Roma: Dante Alighieri, 1908.

abertas pelo casal Franchetti em suas propriedades beneficiaram-se dessas influências e do debate que estava ocorrendo sobre as novas escolas e a renovação dos métodos educacionais: foram organizadas, assim, de forma revolucionária, prevendo o ensino com base na experiência prática, na interdisciplinaridade, na educação para a natureza, um planejamento de temas diferente do tradicional[49]. O pedagogo Giuseppe Lombardo Radice assim se expressou, refletindo sobre o experimento de Franchetti:

> As ideias da Sra. Latter são certamente as do estudo contínuo de um assunto, por um mês (assunto do mês, ilustrado pelas crianças) ou por um ano, e as do desenho (calendário La Montesca). Tudo, porém, foi fundido no cadinho daquela bela alma que era Alice Franchetti. [...] Com Miss Latter, Franchetti estudou e aperfeiçoou um pequenino guia para experimentos científicos em plantas, a serem realizados pelas próprias crianças.[50]

Alice Franchetti também foi muito ativa na criação de um verdadeiro clube cultural em sua propriedade, para o qual convidou muitas mulheres filantropas, escritoras, pedagogas, literatas da época, italianas e estrangeiras, incluindo Lucy Latter, Vida Dutton Scudder, Florence Converse e muitas outras, todas apoiadoras convictas da importância da educação e do novo papel que as mulheres podem desempenhar na sociedade[51]. A baronesa Franchetti conheceu Maria Montessori na casa de uma dessas ativistas e escritoras, Sibilla Aleramo, e aprendeu sobre o novo método visitando, com seu marido, as Casas das Crianças em Roma. Entusiasmada com o que via nessas instituições, Franchetti decidiu convidar Montessori para dar aulas sobre sociologia elementar e metodologia da pedagogia científica no primeiro curso de Pedagogia Científica em sua casa,

---

[49] DE SALVO, Dario. Educare alla ruralità. Le scuole elementari a sgravio di Montesca e Rovigliano. *Pedagogia Oggi*, 16, 1, p. 277-290, 2018.

[50] LOMBARDO RADICE, Giuseppe. *Athena fanciulla*: scienza e poesia della scuola serena. Firenze: Bemporad, 1931. p. 34, 37.

[51] DE GIORGI, Fulvio. Maria Montessori modernista. *Annali di Storia dell'Educazione e delle Istituzioni Scolastiche*, 16, p. 199-216, 2009.

na Villa Montesca, em 1909, destinado a professoras que vinham de toda a península. Ao mesmo tempo, a baronesa abriu uma Casa dei Bambini[52] em suas propriedades e tornou-se uma defensora da divulgação do método, assim como seu marido, Leopoldo, promoveu a disseminação de jardins de infância que praticavam os princípios de Montessori, subsidiados pela Associação Nacional para os Interesses do Sul da Itália, que ele havia fundado anteriormente.

O curso realizado por Montessori em Montesca em 1909 teve como referência Felicitas Buchner, uma judia alemã que, no fim do século XIX, havia proposto creches familiares na Itália, ou seja, pequenas creches de oito crianças confiadas a uma vice-mãe: mulher culta, apaixonada e generosa, colaborou com Alice Franchetti e com a médica italiana até 1911, ano em que retornou à Alemanha, dedicando-se aí à promoção social das mulheres, à luta contra a prostituição legalizada, à ativação de cursos de economia doméstica voltados para mulheres, a projetos de melhoria da agricultura, até sua trágica morte nas mãos dos nazistas em 1944.

O curso em Montesca de 1 a 31 de agosto de 1909 permitiu que Montessori ilustrasse os princípios de seu método e conhecesse as primeiras professoras interessadas, incluindo algumas que se tornariam suas colaboradoras próximas. Por ocasião desse curso, Leopoldo Franchetti propôs vigorosamente a Montessori que escrevesse um volume que pudesse propor de forma clara e articulada todos os principais aspectos do método: assim, logo em seguida ele hospedou a pedagoga em sua casa romana na Villa Wolkonsky, permitindo-lhe compor talvez o texto mais famoso até hoje, a saber, *O método de pedagogia científica aplicado à educação infantil nas Casas das Crianças*, publicado em 1909 pela Editora Lapi de Città di Castello com o generoso financiamento do barão. Este livro, traduzido para várias línguas, permitiu que o método fosse conhecido no exterior e permaneceu, embora retrabalhado em edições subsequentes, um texto fundamental para a compreensão da obra montessoriana. Mesmo

---

[52] PAZZINI, Claudia. *Maria Montessori tra Romeyne Ranieri di Sorbello e Alice Franchetti*. Dall'imprenditoria femminile modernista alla creazione del Metodo. Roma: Fefé Editore, 2021.

após a publicação de *O método*, o casal Franchetti continuou a apoiar a pedagoga, tanto financiando a abertura de Casas das Crianças como promovendo iniciativas de vários tipos e divulgando o método por meio de artigos em revistas nacionais e internacionais: Alice publicou um artigo no *The London Journal of Education* em 1909, um artigo que também provocou um intenso debate em revistas norte-americanas e teve o efeito de tornar o método conhecido do outro lado do Atlântico e atrair inúmeras professoras e pedagogas americanas a Roma para visitarem instituições montessorianas. A esse respeito, Sofia Bisi Albini, jornalista e diretora da revista *Vita Femminile Italiana*, escreveu: "É justo dizer que, sem o impulso dado pela baronesa Alice Franchetti, talvez o caminho das ideias de Maria Montessori tivesse sido mais lento"[53].

O engajamento pelos mais fracos e as primeiras traduções de *O método*

Enquanto isso, em 28 de dezembro de 1908, ocorreu um terrível terremoto que, em trinta e sete segundos, danificou fortemente as cidades de Messina e Reggio Calabria, tirando a vida de mais de um terço da população das duas cidades. Foi a catástrofe natural mais grave da Itália quanto ao número de vítimas. Toda a nação ficou abalada e preocupada com as vítimas, especialmente com o grande número de crianças que ficaram órfãs. Nessa ocasião, foi inaugurada uma Casa dei Bambini em Roma, no Convento das Irmãs Franciscanas de Maria, na Via Giusti, que também abrigou cerca de sessenta crianças órfãs em razão da tragédia. Eram meninos e meninas em estado de choque, em muitos casos era difícil reconstituir até mesmo seus respectivos nomes ou os detalhes pessoais de suas famílias de origem; estavam feridos, perturbados, atordoados. Montessori escreveu em *O segredo da infância*:

> Um tremendo choque os fizera quase todos uniformes: abatidos, mudos, ausentes; era difícil alimen-

---

[53] BISI ALBINI, Sofia. Il trionfo di una donna: Maria Montessori. *Vita Femminile Italiana*, 4, 1910. Fasc. 5, p. 482-485.

tá-los e fazê-los dormir. À noite, ouviam-se gritos e choros. Um ambiente confortável foi criado para eles e a Rainha da Itália generosamente cuidou deles... por toda parte ornamentos e sinais de cuidado... aos poucos, até o belo apetite infantil ressurgiu junto com o sono tranquilo.[54]

A pedagoga demonstrou que um ambiente ordeiro, tranquilo e muito cuidado e um método como o dela, respeitoso dos tempos e ritmos das crianças e capaz de oferecer oportunidades de movimento e manipulação, poderia despertar a paz interior, estimular recursos, ser uma verdadeira terapia para a dor e a ansiedade. Muitos exercícios de vida prática também foram adotados como terapia psicológica e não apenas por seu valor pedagógico. Anna Maria Maccheroni, uma aluna fiel, fez o possível para dirigir essa escola e orgulhosamente observou, em seus escritos, que a simplicidade e o rigor franciscanos combinam com a ordem, a beleza, o cuidado artístico, a decoração floral e a arquitetura agradável, que foram características fundadoras do método. Um experimento semelhante foi realizado em Grottaferrata, para onde se dirigiu outra querida aluna, Elisabetta Ballerini, e onde a recepção dos pequenos órfãos do terremoto lhes ofereceu a oportunidade de se recuperarem de traumas graves, graças ao clima descontraído, às atividades criativas e à exploração livre. Tudo isso confirmava a eficácia e utilidade do novo método, ao qual Montessori agora pretendia se dedicar: após 1909, afastou-se do magistério universitário; em 1910, não retomou o curso, e apresentou um atestado médico, obtendo também uma licença extraordinária do então ministro da Educação, Edoardo Dàneo. Ela estava sobrecarregada com o intenso trabalho de divulgação do método e agora estava cada vez mais envolvida na realização de cursos de formação para professoras, seminários e conferências na Itália e no exterior, e na abertura de novas Casas das Crianças. De 1909 em diante, seu livro *O método* foi traduzido para muitas línguas e numerosos países.

---

[54] MONTESSORI, Maria. *Il segreto dell'infanzia*. Milano: Garzanti, 1999. p. 58.

Montessori em Milão: um caminho complexo

Nesses mesmos anos, como já mencionado, outra experiência se revelou crucial na carreira de Montessori, nomeadamente as iniciativas em Milão e a colaboração com a Sociedade Humanitária. Entre o fim do século XIX e o início do século XX, Milão vivia um período particularmente agitado e fecundo nos campos cultural, científico, urbano e industrial: em 1906, o médico Luigi Mangiagalli havia fundado uma federação de institutos clínicos de aperfeiçoamento e difundido a concepção da medicina como uma ciência que deve colaborar com outras disciplinas, como a antropologia, a filosofia, a biologia e as ciências sociais. Os intelectuais e aqueles que participaram desses empreendimentos se perguntavam profundamente sobre os objetivos do ensino superior e da cultura e sobre os modelos que poderiam ser adotados para colocar o mundo da ciência e da cultura em contato fecundo com a sociedade: a ideia era promover órgãos e instituições de pesquisa que estivessem abertos à cidade tanto como catalisadores de financiamento quanto como centros de divulgação científica e como promotores de competências e conscientização em saúde e higiene. Naqueles anos, a cidade também se tornou palco de inúmeras iniciativas em prol da infância e de experiências educacionais inovadoras. Em particular, muitas associações de mulheres e muitas mulheres denunciaram a situação de exploração e penúria em que se encontravam os filhos das classes mais pobres e lutaram pelo reconhecimento do direito à educação, à saúde, a uma vida digna, promovendo debates ou a fundação de instituições de promoção da proteção da infância: o seu trabalho permitiu, pelo menos em parte, passar de uma concepção filantrópica e caritativa de iniciativas para as crianças das classes desfavorecidas a uma concepção que enfatizava o dever social de garantir os direitos de todos os meninos e meninas[55]. Nesse contexto tão sensível às questões da educação, nas duas primeiras décadas do século XX, foram desenvolvidas outras experiências educacionais e

---

[55] MAPELLI, Barbara; SEVESO, Gabriella. *Una storia imprevista*. Femminismi del Novecento e educazione. Milano: Guerini, 2003.

escolares muito interessantes, incluindo a Renovada de Giuseppina Pizzigoni, a escola de Maurilio Salvoni, a Escola Prática Agrícola de Meninas de Aurelia Josz: essas iniciativas estavam em parte conectadas com as reflexões e experiências que surgiram nos mesmos anos na Europa e nos Estados Unidos, e, em parte, foram afetadas por uma particular vitalidade da cidade nas questões de reforma escolar, formação e métodos educacionais[56]. Recorde-se que a escola de Maurilio Salvoni foi chamada de école nouvelle por Pierre Bovet: essa definição, elaborada pelo próprio Bovet após uma visita ao instituto de Salvoni, passou a indicar as inúmeras experiências educativas e didáticas europeias que tinham algumas características em comum. As experiências verificadas em Milão, portanto, também desempenharam um papel propulsor que não foi secundário em estimular reflexões e propostas que colocassem de forma inescapável e urgente as questões de repensar currículos escolares, espaços, materiais e disposição dos ambientes, numa perspectiva de rejuvenescimento do ensino tradicional, em consonância com os impulsos inovadores das novas escolas e das escolas ativas que estavam protagonizando no contexto ocidental[57].

Nesse contexto, Montessori foi contatada por alguns membros da Sociedade Humanitária, fundada em 1893 graças ao legado de Prospero Moisé Loria, um rico empresário de origem judaica, que ao morrer deixara em seu testamento a quantia hiperbólica de dez milhões de liras (mais de trinta milhões de euros hoje) com o propósito de estabelecer a Sociedade. Com sede entre a Via San Barnaba e a Via Daverio, próximo ao atual Palácio da Justiça, ela reunia intelectuais, pensadores e políticos da época: Augusto Osimo, Luigi Majno (jurista, deputado socialista próximo a Filippo Turati, reitor da Universidade Luigi Bocconi, vice-prefeito da cidade), Osvaldo Gnocchi Viani (promotor da primeira Central dos Trabalhadores

---

[56] NEGRI, Martino; SEVESO, Gabriella. La formazione degli insegnanti nell'approccio montessoriano: il dibattito nelle pagine di La Coltura Popolare, (1911-1922). *Rivista di Storia dell'Educazione*, 8, 2, p. 59-71, 2021-2022. DOI. 10.36253/rse-10385.

[57] TOMARCHIO, Maria; D'APRILE, Gabriella (ed.). *Educazione Nuova e Scuola Attiva in Europa all'alba del Novecento*. Atti del convegno internazionale di Catania del 25-26-27 marzo 2010. v. 1, n. mon. 1, p. 4-6.

da cidade). O objetivo da Sociedade era a promoção cultural, social e civil da população sobretudo no que dizia respeito aos grupos sociais mais frágeis: o objetivo era superar uma visão centrada na assistência e na caridade, para "colocar os deserdados, sem distinção, em condições de se erguerem por si mesmos, fornecendo-lhes apoio, trabalho e educação", como se lia no estatuto.

Os expoentes da Sociedade Humanitária mui provavelmente entraram em contato com Montessori já em 1906 (antes mesmo da abertura da primeira Casa dei Bambini em Roma), por ocasião da Exposição Internacional. Em maio de 1908, a pedagoga retornou a Milão para proferir uma palestra no Congresso Nacional de Atividades Práticas das Mulheres organizado pela União das Mulheres, que contou com a presença de muitas das personalidades mais importantes do mundo feminino milanês: a poetisa e escritora Ada Negri, Ersilia Bronzini Majno (fundadora do Jardim de Infância Mariuccia), Linda Malnati (ativista pelos direitos das mulheres e professoras em particular): na ocasião, Montessori ilustrou com entusiasmo os aspectos mais importantes de seu método, mostrando também alguns materiais didáticos e despertando a admiração e curiosidade do grande público. Logo depois ela foi contatada pela Sociedade Humanitária para dar vida ao ambicioso projeto de abrir Casas das Crianças também na capital lombarda. Em particular, o encontro entre a pedagoga e o secretário da Sociedade Humanitária, Augusto Osimo, mostrou-se crucial para a difusão do método: os dois compartilhavam uma grande sensibilidade pelas questões sociais, a concepção da educação como processo de promoção da autonomia, o tema da disciplina como autodeterminação, a ética do trabalho como fonte de libertação pessoal. A Humanitária decidiu confiar a Giovanni Broglio um projeto para a reabilitação do bairro desfavorecido Via Solari, em Milão, um projeto que previa a construção de apartamentos funcionais, equipados com água potável e eletricidade, dentro de edifícios com áreas comuns, como lojas, pátios e serviços. A ideia subjacente era oferecer às famílias das classes sociais menos abastadas casas confortáveis justamente para apoiar a emancipação ética e social por meio do compromisso com o cuidado dos espaços comuns e privados. Em comparação com a iniciativa semelhante realizada em Roma, a de Milão caracterizou-se por uma maior responsabilização dos inquilinos das casas e uma maior promoção de comportamentos de solidariedade, participação e cooperação: a conferência não era responsabilidade do órgão promotor, como em Roma, mas de uma espécie de comissão dentro da qual também tinham lugar representantes dos habitantes.

A primeira Casa dei Bambini milanesa foi inaugurada em 18 de outubro de 1908 na Via Solari, aberta às famílias do bairro recém--reabilitado e reconstruído com o financiamento da Humanitária de acordo com os mais modernos princípios da arquitetura e do urbanismo; logo em seguida, novamente pela mesma Sociedade, foi criada uma Casa dei Bambini na área de Rottole (hoje Viale Lombardia): a primeira, na Via Solari, foi confiada a uma aluna muito próxima e colaboradora de Maria, Anna Maria Maccheroni; e a segunda, a outra colaboradora confiável e preciosa, Anna Fedeli.

Desde o início, a Humanitária também se interessou pelo problema da produção dos materiais e objetos montessorianos: deu, de fato, a possibilidade de fazê-los em seus próprios ateliês que formavam artesãos e operários. Nos anos imediatamente seguintes, a Casa do Trabalho da Humanitária iniciou a produção organizada e em série do kit didático Montessori, feito em seus ateliês de carpintaria e de papelaria, dando início a uma produção real de móveis e objetos projetados, coordenada por Alessandrina Ravizza, famosa filantropa e diretora da Casa do Trabalho. Na Via Solari, a diretora Anna Maccheroni estabeleceu uma relação rica e afetuosa com os moradores do bairro; a farmácia ofereceu-lhe os "xaropes graduados", úteis para a preparação de materiais para a estimulação do olfato e do paladar; as famílias foram autorizadas a não pagar a taxa cobrada de dois ou três liras por mês aos ricos (a taxa tornar-se-ia obrigatória com o advento do fascismo) e recepcionaram a professora com surpresa porque ela não trouxera "o sininho e a palmatória", ferramentas em uso na época por todos os professores a fim de manter a disciplina. Anna Maria Maccheroni morava em um pequeno apartamento ao lado da Casa dei Bambini e também conseguiu propor um momento comunitário para o café da manhã e o almoço; aplicou o método articulado em todas as atividades previstas, como o jogo do silêncio, o cuidado com plantas e animais, as atividades de leitura e escrita, a manipulação de materiais estruturados, e assim por diante; cuidou de modo particular da educação musical, tendo habilidades específicas nessa área, projetou sinos para realizar a experimentação musical e introduziu o piano. Apesar do clima acolhedor, a Casa dei Bambini tinha um regulamento muito específico:

> A diretora inspecionará escrupulosamente cada criança todas as manhãs. Quando alguma delas não estiver devidamente limpa e arrumada no corpo e nas roupas, ou sem o avental necessário, ou apresentar sinais suspeitos de doença infecciosa, ela mandará que seja acompanhada para casa. A diretora pedirá a justificativa para cada ausência. Se, por negligência exclusiva dos pais, a criança não comparecer regularmente à Casa, a Diretora, após as devidas advertências, proporá à Diretoria da Humanitária que seja excluída.[58]

A partir desse momento, a Sociedade Humanitária e em especial seu secretário, Augusto Osimo, promoveram a divulgação do método com iniciativas, seminários, artigos em revistas especializadas, abordando, como veremos, também o problema da qualificação profissional das professoras. As experiências de Milão, naqueles anos, também se tornaram, como as de Roma, bem conhecidas e apreciadas pelos numerosos visitantes, que se declararam entusiasmados com a nova maneira de fazer escola.

Uma tarefa nada fácil: formar professoras

À medida que as Casas das Crianças se espalhavam, surgia o problema de encontrar professoras preparadas e treinadas de acordo com o método: inicialmente, elas eram escolhidas às vezes entre as

---

[58] Referido em: COLOMBO, Claudio; BERETTA DRAGONI, Marina. *Maria Montessori e il sodalizio con l'Umanitaria*. Milano: Raccolto, 2008. p. 20-21.

alunas que haviam frequentado o curso de Pedagogia realizado em Montesca em 1909, e algumas se tornaram colaboradoras próximas de Montessori nos anos seguintes, como veremos adiante. A fundação de novas Casas das Crianças, no entanto, criava a necessidade de formar mais professoras, como ficou claro tanto para a pedagoga quanto para Augusto Osimo. Naqueles anos, na Itália, verificou-se um debate acirrado sobre a formação das professoras, debate do qual participaram muitos expoentes do mundo político e cultural da época. Nessa época, o percurso para tornar-se professora era constituído pela frequência à Escola Normal, na qual se praticava um ensino muito estereotipado, apassivante, baseado em programas muito esquemáticos e desprovidos de estímulos culturais e pedagógicos. Essa situação levou o ministro Credaro, em 1910, a formular uma proposta de reforma da Escola Normal, a ser implementada por meio da consolidação da formação cultural dos futuros professores, com ênfase nas disciplinas pedagógicas, psicológicas, biológicas e didáticas, e pelo aumento da carga horária de estágio a ser realizado nas escolas[59]. A proposta não foi aprovada, e foi retomada pelo sucessor de Credaro, Agostino Berenini, com alguns ajustes, sem chegar à aprovação devido às divergências entre os pedagogos italianos e, após 1915, também devido aos acontecimentos da guerra e ao considerável empenho financeiro militar do Estado italiano.

Montessori estava extremamente consciente das grandes limitações da formação tradicional das professoras; além disso, estava convencida de que somente um currículo bem estruturado centrado em seu novo método poderia formar professoras adequadas para as Casas das Crianças. Essa preocupação corria paralelamente às posições que a Sociedade Humanitária também vinha tomando naqueles anos, que reconhecia a necessidade de professoras capacitadas e também de uma forma de certificação e avaliação dessa formação, tendo em vista uma disseminação cada vez maior do método, já muito apoiada por Augusto Osimo. A situação urgente levou Osimo, em acordo com Montessori, a organizar um curso

---

[59] MORANDI, Matteo. Luigi Credaro e la pedagogia scientifica: i temi della prolusione romana del 1903. *Civitas Educationis*, 8, 1, p. 15-19, 2019.

de especialização para educadoras de jardins de infância em Milão com o método Montessori já no outono de 1911, dirigido por Teresa Bontempi, inspetora das creches do cantão de Ticino e, por sua vez, aluna do curso ministrado por Montessori em Montesca dois anos antes. Este primeiro minicurso não deu resultados satisfatórios, pois tanto a pedagoga quanto as inspetoras encarregadas pela Sociedade Humanitária de verificar o progresso das Casas das Crianças milanesas notaram que as professoras não estavam adequadamente preparadas e não aplicavam o método com a atenção e expertise necessárias. Entretanto, em 1913, foi organizado em Roma um primeiro curso de formação internacional, com a participação de professoras de toda a Europa, América, África e Índia. Em dezembro de 1914, a Sociedade Humanitária, na presença da própria Montessori, inaugurou o Primeiro Curso de Formação para a Educação Infantil segundo o Método Montessori em sua sede, em Milão. Para oferecer a possibilidade de treinamento prático às alunas, a Humanitária inaugurou na Via San Barnaba, em um prédio adjacente àquele onde eram realizadas as aulas, uma Casa dei Bambini-modelo, dirigida por Maria Valli, e, posteriormente, uma outra com extensão do método ao ensino fundamental, dirigida por Lina Olivero: estas escolas serviram como um verdadeiro laboratório e permitiram que as alunas do curso magistral experimentassem em campo. O curso teve duração de oito meses e contou com duas modalidades, uma para diretoras e outra para assistentes, com provas finais escritas e orais e, sobretudo, com uma parte das aulas sob a forma de estágios (com pelo menos cinco horas diárias). O ensino do método foi acompanhado por cursos de Fisiologia e Psicologia Infantil, Higiene, História Natural, Desenho e Educação Física ministrados por personalidades famosas e qualificadas do mundo científico e acadêmico da época, incluindo o psiquiatra Giulio Cesare Ferrari, o professor de anatomia da Universidade de Turim Pio Foà, o pintor Pietro Chiesa, o próprio Maurilio Salvoni, que havia fundado uma escola inovadora na cidade, como mencionamos anteriormente. O objetivo desse curso era formar futuras professoras que não só tivessem uma preparação precisa nas diferentes disciplinas e nos princípios do método, mas também que tivessem um novo *habitus* mental, que assumissem um olhar científico e uma abordagem baseada na observação: como lembrou Maurilio Salvoni, em uma avaliação do que ensinara, as professoras tinham de ser

> [...] pessoas que, em vez de se satisfazerem habitualmente com um amontoado de informações sobre fatos naturais extraídas dos habituais tratados escolares, muitas vezes mal compreendidos e assimilados, sejam afeitas à observação pessoal atenta, à oportuna descrença nas declarações dos outros e nas suas próprias primeiras afirmações, e a pensar e expressar-se com rigor lógico.[60]

Tratava-se, portanto, de um curso de formação extremamente inovador em relação aos cursos tradicionais oferecidos no território nacional. Havia 25 alunas e 37 ouvintes, e o curso terminava em maio de 1915 com os exames finais, mas revelava algumas limitações, destacadas pelo próprio Augusto Osimo em carta dirigida ao Ministério da Educação: alguns professores, de fato, não haviam cumprido os acordos contratuais, em alguns casos realizando apenas parte das aulas que lhes foram atribuídas; a própria Montessori, frustrando expectativas, não esteve muito presente, pois foi chamada à Itália e ao exterior para realizar seminários e conferências, provocando a falta de uma coordenação do ensino. Houve, no entanto, também pontos fortes do curso; em particular nos exames finais, as alunas demonstraram ter uma preparação muito sólida, alcançando resultados significativos. Augusto Osimo, portanto, animado pelo firme desejo de apoiar a difusão do método, planejou realizar a um curso de formação posterior, em 1916: nesse caso, a inauguração e o início coincidiram com a realização de uma impressionante Conferência Internacional, que ocorreu na Sala degli Affreschi da Sociedade Humanitária, de 29 de outubro a 1.º de novembro e promovida pela União Italiana de Educação Popular. O objetivo da conferência era examinar as questões relacionadas à escola primária e ao ensino

---

[60] SALVONI, Maurilio. Un esperimento di preparazione scientifica magistrale. *La Coltura Popolare*, v. 15, p. 664-670, 1915. p. 664.

profissional, comparando as experiências de ensino mais relevantes, tanto na Itália quanto no exterior. Dentro dessa discussão, foi reservado amplo espaço para o método Montessori: na sessão dedicada ao ensino fundamental, uma colaboradora próxima da pedagoga, Anna Fedeli, ilustrou com um relato muito aprofundado a aplicação do método no ensino fundamental, com uma explicação detalhada do uso dos materiais e da função da professora. Também foi montada uma exposição montessoriana, na qual foi possível observar o material didático utilizado nas Casas das Crianças, algumas obras das crianças e fotografias das atividades realizadas pelas professoras em Milão, na Itália e no exterior. Na ocasião, foi lançado o segundo Curso Magistral para a Formação de Educadoras para a Aplicação do Método Montessori, cuja direção foi confiada a Anna Fedeli, que também era professora de Pedagogia Científica. Fedeli esteve constantemente presente, e o curso, graças também ao empenho escrupuloso de Augusto Osimo, revelou-se um sucesso e constituiu um verdadeiro modelo. Em comparação com o curso realizado no ano anterior, foram introduzidos alguns novos tópicos, novos professores e o método foi adaptado para a formação das alunas, tendo havido uma coordenação coerente das horas de aula com as horas de estágio; foi dada especial importância à prática da observação. Em sua atuação, Anna Fedeli transitou em constante contato com Montessori e em pleno respeito aos princípios do método, podendo até mesmo ter à sua disposição os rascunhos do novo livro que a doutora estava escrevendo, *A autoeducação nas escolas primárias*, concebido como uma continuação de *O método* e voltado para a aplicação no ensino fundamental e para a preparação de educadoras e professoras.

Nos anos seguintes, a Sociedade Humanitária tornou-se uma promotora cada vez mais atenta do método e procurou cuidar da formação das professoras, até que, em 1920, Montessori e Osimo conceberam um novo projeto ambicioso, a saber, a fundação de um Escritório para o estudo, propaganda e aplicação do Método Montessori para as Casas das Crianças: a inauguração e o lançamento de um curso foram realizados ao mesmo tempo na presença da própria pedagoga, agora famosa nacional e internacionalmente. Em janeiro de 1921, no entanto, Montessori deixou Milão para acudir a numerosos compromissos no exterior, confiando à sua fiel colaboradora Anna Maria Maccheroni a supervisão da organização do Escritório. Infelizmente, nos anos imediatamente seguintes, a grave doença que acometeu Augusto Osimo e sua morte não permitiram a implementação desse ambicioso e fundamental projeto.

Uma rede de relações entre mulheres

Naqueles anos, a rede de amizades que Montessori já havia construído graças ao seu engajamento pelos direitos das mulheres se ampliava cada vez mais, estendendo-se às muitas personagens mais ou menos conhecidas que se tornaram suas apoiadoras ativas e fervorosas, admiradas com o novo método educacional que puderam observar nas Casas das Crianças. A pedagoga estava rodeada sobretudo de amizades femininas, animadas, sinceras e calorosas. Alice Franchetti (1874-1911), com seu marido, Leopoldo, financiou a Casa dei Bambini de San Lorenzo e continuou a apoiar os projetos de Maria até sua morte prematura por tuberculose; Olga Ossani Lodi (1857-1933) foi responsável por promover as ideias e iniciativas de Maria, de divulgá-las e de manter contatos importantes; Sofia Bertolini Guerrieri Gonzaga (1873-1961), membro da nobreza romana e esposa do Sr. Piero Bertolini, depois de se ter encantado com a cena das crianças empenhadas em suas explorações, decidiu fundar, com o senador Luigi Bodio, o filósofo Giovanni Gentile e a condessa Maria Maraini Guerrieri Gonzaga, o primeiro Comitê Montessori, com a presidência da rainha Margarida.

Maria Maraini Guerrieri Gonzaga (1869-1950), esposa do Sr. Clemente Maraini, depois de conhecer Maria no Congresso das Mulheres de 1908, tornou-se sua ferrenha apoiadora e, ao longo do tempo, amiga e confidente: fundou em Palidano, perto de Gonzaga (Mântua), uma Casa dei Bambini para filhos de camponeses, e em Roma, onde permaneceu durante boa parte do ano, outra Casa, frequentada pelos próprios filhos, e por Elsa, uma afilhada que vivia com eles e que quando cresceu se tornou a escritora Elsa Morante.

Nos anos seguintes, Maria Maraini Guerrieri Gonzaga manteve densa correspondência com Maria Montessori, que lhe confidenciou suas preocupações, suas alegrias, o entusiasmo das experiências no exterior, os mil projetos, as inevitáveis decepções. Maria Gonzaga, além de fiel confidente, foi muito ativa na promoção do método a possíveis financiadores, na sua divulgação por intermédio de redes de amigos, na resposta às necessidades concretas ligadas à abertura das Casas: foi ela quem encontrou, em sua região de Gonzaga, os primeiros fabricantes italianos de materiais, os Bassoli, que produziram por primeiro os modelos sob a orientação da própria Maria Montessori, muito precisa e exigente em relação a formas, tamanhos e formatos. A partir de 1925, a empresa passou a produzir móveis e materiais segundo as instruções de Montessori, que era hóspede de Maria Maraini Guerrieri Gonzaga, com uma produção artesanal que continuaria nas décadas seguintes e que ainda hoje — com mudanças de propriedade e algumas alterações — é líder internacional na produção de móveis e materiais para a primeira infância.

Além de Guerrieri Gonzaga, havia muitas mulheres pertencentes à burguesia e à aristocracia que, engajadas em iniciativas pela emancipação das mulheres, pelo apoio à educação das meninas, pela proteção da infância, criaram laços significativos com Montessori ou contribuíram concretamente para a difusão de suas ideias. Durante esses anos, até mesmo a Rainha Mãe se tornou uma defensora do método. Margarida de Saboia (1851-1926), mulher culta, sensível, elegante e dotada de uma sensibilidade particular para a educação das crianças, interessou-se e favoreceu as iniciativas da pedagoga: em 1910 visitou a Casa dei Bambini de San Lorenzo, em Roma, imortalizada pela imprensa com seu elegante vestido escuro, um grande chapéu rico em decorações e um esplêndido buquê de flores na mão; alguns anos depois, em 1913, chegou a assistir a uma palestra dada por Montessori em sua casa no curso para educadoras: uma ação marcante, já que o protocolo não previa que um membro da família real visitasse casas particulares.

Ao lado da médica, ademais, formou-se um grupo de estudantes fiéis e entusiasmadas, que logo também compartilharam com ela a vida privada, convivendo com ela por longos períodos: Elisabetta Ballerini, infelizmente consumida pela tuberculose ainda jovem, Anna Fedeli, Anna Maria Maccheroni, alunas que Montessori carinhosamente chamava de "minhas filhas" e com as quais estabeleceu um vínculo de estima, de entreajuda e de partilha total.

Elisabetta Ballerini (nascida em Roma em 1886) esteve envolvida como educadora de crianças deficientes desde jovem, realizou os cursos de Antropologia no Magistério de Roma em 1906 e demonstrou ser uma aluna muito apaixonada. Montessori a escolheu como sua colaboradora desde o início, desenvolvendo um vínculo quase maternal com ela: em suas cartas, ela a chamava de "minha filha predileta". Ela era responsável pela formação de jovens professores e pela educação de crianças anormais; seguiu a pedagoga na Villa Montesca, junto aos Franchetti e depois em Roma, onde a ajudou na escrita de seu livro mais famoso, *O método*. Bettina, como era afetuosamente chamada por Montessori, colaborou em Roma para a fundação de uma Casa dei Bambini, e acompanhou devotadamente a médica até mesmo em suas viagens a Milão, definindo-a como "minha venerada mãe". Muito cedo, acometida de tuberculose, foi obrigada a longas internações, que foram financiadas com prodigalidade por Maria Guerrieri Gonzaga e acompanhadas com apreensão por Montessori, ansiosa em relação às condições de saúde de sua amada aluna. Internada no agradável e moderno hospital de Nettuno e temporariamente recuperada, transferiu-se aceitando a tarefa de dirigir a Casa dei Bambini das Irmãs Franciscanas de Grottaferrata, onde ensinou, com paixão e sucesso, crianças tornadas órfãs pelo terremoto de Messina. Gravemente doente novamente, foi acolhida na casa de Montessori, em Roma, onde permaneceu assistida devotadamente e com generosidade pela pedagoga e pelas outras alunas, Anna Maria Maccheroni e Anna Fedeli, mas morreu jovem, consumida pela tuberculose, pouco depois, em 1914.

Além de Bettina, outras duas alunas formaram uma espécie de família para Montessori e foram definidas por ela como "minhas filhas", Anna Fedeli e Anna Maria Maccheroni: com elas, como se depreende de suas cartas particulares, criou-se uma atmosfera de intimidade e compartilhamento total, que animou a parceria. Anna Fedeli, natural de Senigallia, desistiu da carreira de diretora de escola pública para se dedicar à difusão do método montessoriano; conhecera a pedagoga em 1906, frequentando o curso de Higiene e Antropologia. Anna Fedeli foi encarregada da direção da Casa dei Bambini de Rottole, em Milão, e, nos anos seguintes, também da gestão de todas as questões econômicas, bem como das relações com a rainha Margarida. Anna acompanhou Montessori em muitas de suas viagens na Itália e no exterior, além de apoiá-la no cuidado de seus pais idosos: dedicou toda a sua vida e até mesmo seu patrimônio pessoal à divulgação do método e ao apoio à pedagoga. Ela foi muito ativa na direção dos cursos de formação na Sociedade Humanitária de Milão e desempenhou um papel importante na Conferência Internacional organizada em 1916 pela mesma Sociedade: de fato, ela expôs os princípios do método com grande decisão e clareza, com especial atenção à experimentação que dizia respeito ao ensino fundamental para crianças de seis a onze anos de idade. Anna Fedeli, como diretora dos cursos de formação, destacou-se pela atenção à formação para a observação e para a capacidade de fazer as alunas correlacionarem os princípios com a vivência no estágio. Infelizmente, Fedeli também adoeceu de tuberculose ainda jovem e morreu em 1920, deixando Montessori desolada.

Anna Maria Maccheroni foi a única dessas alunas prediletas que sobreviveu à pedagoga. Nascida em Livorno em 1876, ficou impressionada com algumas das aulas que a pedagoga deu no curso de Antropologia Pedagógica: ela mesma, em seu livro *Come conobbi Maria Montessori*, publicado em 1947, ressaltou a novidade dos cursos realizados pela médica, tanto em termos de metodologias quanto de conteúdo: as alunas eram induzidas a participar ativamente, os problemas da vida infantil eram confrontados com atenção às condições sociais. Em 1908, ela foi encarregada da direção da Casa dei Bambini da Via Solari, em Milão, aberta pela Humanitária: descreveu em detalhes em seus escritos privados o cotidiano da escola e seu compromisso com as famílias, como, por exemplo, seu trabalho de persuadir as mães a se acostumarem a dar às crianças um bom café da manhã com pão e leite e uma sopa quente no almoço, em substituição ao pão e chocolate quente ou castanhas. Foi nessa experiência que desenvolveu seus primeiros experimentos em educação musical, com materiais idealizados por ela e feitos em Livorno, sua cidade natal: sua abordagem foi inspirada nas teorias de Émile Jacques-Dalcroze. Ela não deixou de apontar para a pedagoga as dificuldades encontradas na contratação de educadoras adequadamente formadas e dispostas a abandonar o ensino tradicional e trilhar um caminho autorreflexivo, desenvolvendo aquelas qualidades de paciência, capacidade de observação e escuta. Seguiu Montessori na Villa Montesca em 1909, como convidada da Sra. Franchetti; depois retornou a Milão, mudando-se em seguida para Roma, para trabalhar ao lado da pedagoga, que havia realizado dois cursos para professoras, e foi encarregada de uma classe de crianças no Convento das Irmãs Franciscanas na Via Giusti: cerca de cinquenta crianças, quase todas órfãs devido ao terremoto de Messina. Nessa ocasião, ela orgulhosamente observou em seus escritos que a simplicidade e o rigor franciscanos combinavam com a ordem, a beleza e o cuidado artístico, bem como com a decoração de flores e a arquitetura, que eram do método. Ela morava na casa da própria Montessori, que generosamente a acolheu e lhe dispensou cuidados quando ela ficou gravemente doente em 1913: Anna Maria guardou para sempre infinita gratidão à sua mestra, que salvou sua vida. Após sua recuperação, acompanhou Montessori em muitas de suas viagens, tanto na Itália quanto no exterior: em 1919, ela se encarregou de organizar cursos de formação em Londres; em 1915, seguiu-se a fundação das primeiras Casas das Crianças da Espanha, em Barcelona; depois de 1920, ela esteve muito envolvida na colaboração em Milão com a Sociedade Humanitária. Quando morreu, em 1965, foi enterrada no túmulo dos pais de Montessori.

Os princípios do método

Nas duas primeiras décadas do século XX, Montessori consolidou os princípios do seu método e, como veremos adiante, expô-los sistematicamente em seus primeiros trabalhos. Propomos aqui uma síntese desses princípios, que não é exaustiva devido à limitação de espaço.

A formação de Montessori era científica: a pedagoga estava firmemente convencida de que a escola e a educação deviam renovar seus métodos por meio de práticas experimentais e observações cientificamente guiadas pela criança. Além disso, os primeiros escritos da médica dão testemunho da considerável atenção aos fatores sociais, econômicos e culturais que condicionam o crescimento, o desenvolvimento e a aprendizagem: Montessori havia estudado a correlação entre origem social e rendimento escolar, enfatizando o papel não emancipatório da escola tradicional, que não era capaz de oferecer oportunidades reais de aprendizagem efetiva, por se basear em métodos autoritários, estereotipados, desprovidos de observação por parte da criança. Outro pilar do pensamento montessoriano era a profunda convicção da falta de continuidade entre o patológico e o normal: Montessori experimentou pela primeira vez o método com crianças definidas como "deficientes" ou "débeis mentais", ou seja, com deficiências de vários tipos que poderiam interferir significativamente no processo de aprendizagem; mais tarde, no entanto, ela propôs materiais e métodos semelhantes para crianças definidas como normalmente dotadas. Na *Antropologia pedagógica*, a pedagoga escreve: "A reforma que se faz necessária é a da escola e da pedagogia, que nos levará a proteger *todas* as crianças em seu desenvolvimento, inclusive aquelas que se mostram refratárias ao ambiente da vida social"[61].

A proposta montessoriana também propunha uma nova ideia da criança e da escola dentro de uma visão democrática da sociedade, baseada nos valores da coesão social, do respeito entre os povos, da educação cósmica e da educação para a paz. A imagem da criança e da infância era muito revolucionária em comparação com algumas concepções difundidas e práticas da época: em particular, Montessori enfatizava a especificidade das necessidades da criança, que possuía

---

[61] MONTESSORI, Maria. *Antropologia pedagogica*. Milano: Vallardi, 1910. p. 13.

imenso potencial e forças vitais liberadas no contato com o ambiente, desde que respeitada sua autonomia de exploração e expressão. O desenvolvimento sensório-motor foi concebido como base para a aprendizagem e como ponto de partida para o autocontrole dos processos cognitivos e afetivos: a criança era considerada de maneira global, em todos os seus aspectos, e era reconhecida como sujeito capaz de conhecimento e construtora de seu próprio saber. Montessori escreve que, "no que diz respeito à sua educação, a criança é o pai do homem", porque ela é a protagonista de seu processo de crescimento. A criança é, portanto, competente e dotada de certa capacidade de regulação e ativa desde o nascimento, pois possui uma mente absorvente, que recebe os estímulos do ambiente circundante, primeiro inconscientemente, depois sempre conscientemente:

> A mente da criança absorve definitivamente e, ao fazê-lo, cria o caráter do homem [...] A criança pega coisas do ambiente e as incorpora em si mesma – explica Montessori – Todas as crianças da terra seguem essa lei, da mesma forma, com a mesma intensidade e com a mesma força.[62]

Ela também é naturalmente inclinada a aprender e a autoaperfeiçoar-se; Montessori fala de um "embrião espiritual", ou seja, que a globalidade da criança visa ao desenvolvimento dos órgãos psíquicos que permitem a manifestação das atividades humanas e a relação com o mundo. O desenvolvimento não se processa de forma linear, mas em ciclos e explosões, e passa por períodos sensíveis, durante os quais "ocorre a aquisição de um certo caráter", o surgimento de uma certa capacidade: por exemplo, as funções fundamentais da linguagem desenvolvem-se durante o período de zero a três anos de; ou a imaginação criativa, a abstração, o senso moral e de justiça são consolidados durante o período de seis a doze anos.

Justamente por isso, porém, na proposta montessoriana, cada criança tem sua própria mente, seu ritmo de desenvolvimento, e não é possível padronizar o processo de ensino: o método, baseado

---

[62] MONTESSORI, Maria. *Il metodo del bambino e la formazione dell'uomo*. Scritti inediti e rari, a cura di Augusto Scocchera. Roma: Edizioni Opera Nazionale Montessori, 2001. p. 31.

na promoção da autonomia, que deve permitir que a vida se desenvolva, quer personalizar o caminho de crescimento e valorizar a individualidade. Pode, portanto, ser definido um método indireto de ensino, que atribui ao ambiente a função de professor. Como escreve a autora em *A descoberta da criança*:

> A liberdade não pode ser concedida: ela faz parte da natureza humana e deve ser cultivada como uma das características essenciais do caráter... Essa cultura deve começar desde os primeiros anos, quando a criança ainda é essencialmente guiada por seus próprios impulsos naturais. Não faz sentido esperar que ela atinja a idade da razão para lhe explicar o significado e a dignidade da liberdade![63]

A educação consiste, portanto, em oferecer a possibilidade e os meios apropriados para permitir a exploração, mas também a autoexpressão e o autodomínio. É preciso, portanto, saber predispor um ambiente que permita a livre circulação, o contato direto e ordenado com estímulos adequados, e que favoreça atividades e experiências concretas. Isso não significa um ambiente que não tenha sido idealizado por um adulto, mas, pelo contrário, ele deve ser projetado em detalhes para proporcionar oportunidades de aprendizagem. Além disso, a criança é percebida não como um ser à parte, mas sim no encontro com os outros, a fim de construir a cooperação e a convivência harmoniosa: por isso, o professor não exerce a disciplina com autoridade e concedendo prêmios e punições como na prática educacional e escolar tradicional, mas favorece a exploração e o encontro que levam a criança a integrar sua própria vontade com a dos outros. Conclui-se que a intervenção do professor deve ser a mais limitada e indireta possível: os limites da atividade da criança são, portanto, poucos, claros, escolhidos, propostos por meio do poder educativo do ambiente; a liberdade da criança tem como limite o interesse coletivo. Disciplina é autodisciplina, ou seja, a conquista progressiva da consciência por parte do indivíduo que age com autonomia, entendida como resultado da livre escolha, da

---

[63] MONTESSORI, Maria. *La scoperta del bambino*. Milano: Garzanti, 2019. p. 37.

gestão afetiva e cognitiva de si mesmo, da autorregulação do próprio comportamento: sob determinadas condições, a criança é de fato capaz de se concentrar e se aplicar inteiramente a si mesma. Tudo isso molda o projeto e a programação, que é indicada para a professora, e não para a criança, que também pode se dedicar a trabalhos não incluídos no programa. A professora propõe atividades concretas e acessíveis: por meio delas, a criança chegará sozinha do concreto à abstração e, ao mesmo tempo, tornar-se-á capaz de planejar e organizar e, com o tempo, controlar seus resultados. Assim, é evidente que a aprendizagem parte do interesse, sem o qual nenhum processo interior é possível. É fundamental, portanto, propor um ambiente adequado, ou seja, cientificamente organizado e claro, que ofereça apenas o necessário e o suficiente, na medida das crianças, acessível, visível, de modo a incentivar o interesse e a exploração autônoma e que permita o controle de erros. No seu interior, há o material: é um material de desenvolvimento não didático, útil à criança e não à professora; é um estímulo científico que provoca a atividade psíquica, pois responde às necessidades psíquicas de diferentes idades e individualidades. Tem algumas características: é harmonioso, esteticamente agradável, atraente, exato (composto por peças com proporções matemáticas e regulares), feito de materiais naturais e apreciados. O material produz um trabalho sobre o processo e não sobre o produto, promovendo algumas competências cognitivas (memorização, seriação, classificação, cálculo, função de linguagem etc.) e algumas competências práticas (autogestão, senso estético); ele também permite a verificação de erros porque é autocorretivo. O uso do material cultiva o aspecto educacional e não apenas o cognitivo (predisposição de espaços e necessidades, organização, cuidado, reorganização de materiais, públicos, compartilhados, respeito aos espaços, a sua vez, concentração...). Para que o material seja efetivo, ele deve ser inserido em um ambiente cientificamente organizado e aberto ao movimento, e deve ser incluído em um caminho de vida cotidiana e de atividade preparatória ou paralela estudada de acordo com indicações metodológicas coerentes. Ele deve ser livremente escolhido pela criança, que o utiliza pelo tempo que quiser, e deve ser apresentado pela professora corretamente e no momento certo, ou seja, quando a observação sistemática da criança mostrar que é oportuno propô-lo.

A esse respeito, Montessori escreve:

> Estudar é observar, parar, assimilar e aguardar. Temos que estudar para criar... O que aprendemos nasceu e cresceu em nós. Convém deixar aos conhecimentos aprendidos o tempo não só de serem assimilados, mas também o de se desenvolverem livremente nesse terreno psíquico fértil que é a nossa personalidade interior. Ou seja, assimilar por todos os meios possíveis (e semear) e depois aguardar.[64]

O material deve ser utilizado em classes heterogêneas por idade, a fim de permitir a imitação, a tutoria e a colaboração entre as crianças. O ambiente também proporciona o espaço para a vivência prática, ou seja, para atividades que visem coordenar e aperfeiçoar os movimentos e à condução responsável da vida cotidiana (lavar, deixar escorrer, atividades culinárias etc.).

O papel do adulto é guiar, de forma humilde e respeitosa, ajudando a criança a fazer por conta própria: "qualquer ajuda inútil é um obstáculo ao desenvolvimento", escreve Montessori, enfatizando que o professor deve dar um passo atrás.

> Com os nossos métodos, a professora ensina pouco, observa muito e, acima de tudo, tem a função de direcionar as atividades psíquicas das crianças e o seu desenvolvimento fisiológico. Por isso mudei o nome de professora para "diretora".[65]

Fica evidente nessa passagem que a principal habilidade da professora é fazer uma observação sistemática e contínua e predispor materiais e ambientes com base nessa observação. A professora então mostra o uso do material para a criança, polarizando sua atenção, observa à distância e intervém diretamente apenas se estritamente

---

[64] MONTESSORI, Maria. *Antropologia pedagogica*. Milano: Vallardi, 1910. p. 32.

[65] MONTESSORI, Maria. *La scoperta del bambino*. Milano: Garzanti, 1999. p. 58.

necessário; a professora educa para a vida, tem uma tarefa ética muito elevada, pois "é o operário da humanidade".

Por essa razão, a formação de professoras é um caminho muito complexo e árduo, que compreende três partes. Há, de fato, uma parte técnica, que é a aquisição do método, a capacidade de uso dos materiais, que pode se dar por meio da prática. Depois, há uma parte científica, que consiste no conhecimento teórico e prático do desenvolvimento da criança, das suas necessidades físicas e psíquicas, e na observação da natureza: por isso, os primeiros cursos de formação montessorianos previam o ensino de biologia e de observação dos fatos naturais, realizados por meio de laboratórios e experimentos. Por fim, há uma última parte, que diz respeito à formação, ou seja, à parte espiritual: a professora deve emancipar-se e libertar-se de convicções prévias, trilhar um caminho de autopreparação para a imaginação, de descentralização e contemplação; ela também deve seguir um caminho de aperfeiçoamento interior e de constante autoanálise, a fim de compreender e colocar-se a serviço do espírito da criança.

Esses princípios também estão ligados a uma nova visão da escola. De fato, segundo Montessori, a continuidade entre os diferentes níveis de escolarização é necessária, mesmo na especificidade das necessidades de cada fase da vida, ao contrário do que acontecia no ensino tradicional. A escola é concebida e vivida como uma comunidade coesa e aberta, assente no sentido de pertença, partilha e corresponsabilidade de todos, numa relação sólida e construtiva com os pais e com o território, com um horizonte cósmico: é uma instituição que oferece um contributo fundamental para o desenvolvimento pacífico do gênero humano, para a conservação e valorização respeitosa do planeta. Esses últimos aspectos remetem ao tema da educação cósmica, muito caro a Montessori, especialmente nos últimos anos de sua atividade. De fato, segundo a pedagoga, há um plano cósmico, do qual todo ser vivo participa consciente ou inconscientemente, com a finalidade de sua espécie, para a harmonia universal, a preservação e promoção da própria vida, numa relação de interdependência com outros seres vivos: "A grande lei que regula a vida do cosmos é a da colaboração entre todos os seres vivos. Aprofundar o estudo desta lei é trabalhar pelo triunfo entre os vários povos e, portanto, pelo triunfo da civilização humana"[66]. A educação cósmica fornece a cada um as noções fundamentais sobre a vida do cosmos e a história da humanidade; depois de ilustrar o conceito de cosmos e sua origem, é possível se debruçar sobre a geografia, a astronomia e a matemática, em um percurso que é cognitivo, mas também educativo, pois coloca a criança/jovem em comunicação com o mundo ao seu redor, mostrando-lhe a necessidade do respeito a todas as formas de vida e a interconexão entre todos os seres vivos.

As viagens e a difusão nos EUA

Os anos seguintes a 1911 foram repletos de eventos privados e profissionais fundamentais para Montessori. Graças ao financiamento de Leopoldo e Alice Franchetti, Maria conseguiu se mudar para uma nova casa, no centro de Roma, onde pôde morar com sua família e alunas, e onde poderia realizar cursos para preparar as professoras para o seu método. Em 20 de dezembro de 1912, faleceu Renilde, sua amada mãe, que já se encontrava em graves condições de saúde, e a quem Maria estava ligada por uma relação muito intensa e um entendimento muito forte. O luto foi profundo para a pedagoga, que, no mesmo período, entrou em contato com o filho, Mario, no colégio de Castiglion Fiorentino; encontrou-o e decidiu levá-lo para morar com ela: era o início de uma relação muito intensa, que sempre os veria lado a lado. A presença de Mario em casa foi certamente um conforto para Maria, que finalmente pôde morar ao lado do filho amado, embora oficialmente o tenha apresentado a todos como sobrinho. Nesse ínterim, seus compromissos profissionais multiplicaram-se: em 15 de janeiro de 1913, foi inaugurado o Primeiro Curso Internacional Montessori, que contou com a matrícula de cerca de noventa alunos e que ocorreu, no que diz respeito às aulas teóricas, na casa de Montessori, e em relação à

---

[66] MONTESSORI, Maria. *Il metodo del bambino e la formazione dell'uomo*. Scritti inediti e rari, a cura di Augusto Scocchera. Roma: Edizioni Opera Nazionale Montessori, 2001. p. 187.

formação prática nas Casas das Crianças de Roma: as alunas vieram de todas as partes do mundo; o maior número dos Estados Unidos, mas também havia algumas de toda a Europa, duas da Austrália, algumas da Índia; eram, em sua maioria, mulheres, e Montessori preparava as aulas de modo a abordar os princípios fundamentais de seu método, ou seja, o papel da professora, totalmente diferente do tradicional, a imagem da criança, o uso do material. A estrutura do curso, fundada no entrelaçamento de teoria e prática desenvolvida em estágios em uma Casa dei Bambini, foi então replicada em cursos subsequentes: desde o início, portanto, ficou evidente a centralidade que Montessori atribuiu ao estágio em campo, elemento que sempre caracterizará sua proposta de formação. Esse Curso Internacional mostrava também quanto a pedagoga já era conhecida e apreciada por alguns expoentes políticos e institucionais: no dia da abertura estava o ministro da Educação, os embaixadores americano e britânico e até a rainha Margarida, que desde o início apoiou a difusão do método.

Nos meses que se seguiram, a fama de Montessori foi se afirmando cada vez mais, não só na Itália, mas também no exterior, e a hipótese de uma viagem aos Estados Unidos começou a ser cogitada. O método Montessori começava, de fato, a ser conhecido do outro lado do oceano: Alice Hallgarten Franchetti, escrevendo alguns artigos para revistas americanas, já havia contribuído consistentemente para difundir as teorias da pedagoga. Além disso, alguns pensadores, professores e pedagogos que já haviam visitado as Casas das Crianças de Roma, em 1909, após seu retorno aos Estados Unidos, haviam propagandeado o novo método, e algumas contribuições que apareceram em revistas especializadas descreviam a experiência montessoriana: em 1909, por exemplo, na revista americana *The Kindergarten Primary Magazine*, a pedagoga Jenny B. Merril citou o método em um exame acerca da educação da primeira infância. Naqueles anos, nos EUA, ocorria um debate acirrado sobre o ensino e os métodos educacionais para a primeira infância, assim como a disseminação de novas ideias pedagógicas havia provocado curiosidade e atenção também na imprensa comum[67]. Em particular, em 1910, Anne E. George, já muito ativa nos Estados Unidos dentro do movimento pelos jardins de infância, havia feito o curso de Montessori em Roma, visitado as Casas das Crianças e se tornado uma das alunas mais atentas, colaborando em momentos de confronto e discussão na casa de Maria, ao lado de Anna Maria Maccheroni, Anna Fedeli, Elisabetta Ballerini e outras. Anne, que voltou para casa depois de uma longa estada na Itália, levou consigo o primeiro livro publicado por Montessori, *O método*, e comprometeu-se, com entusiasmo, a traduzi-lo para o inglês, permitindo a publicação da primeira edição norte-americana em 1912, que saiu enriquecida por um ensaio introdutório de um professor da Universidade de Harvard, o Prof. Henry William James, que teve grande curiosidade em relação ao novo método[68]. Em 1911, a própria Anne George, enquanto realizava a tradução, fundou a primeira Casa dei Bambini nos EUA, em um subúrbio de Nova York[69]: essa Casa dei Bambini tinha uma característica muito diferente das fundadas na Itália até então, já que era uma instituição colocada em um bairro nobre, subsidiada com recursos privados e destinada a famílias de classe alta, bem como apoiada por expoentes famosos da cultura da época, ao contrário das primeiras Casas das Crianças italianas, construídas em bairros populares. Outros expoentes da cultura norte-americana se apaixonaram pelo método e contribuíram para torná-lo conhecido: Alexander Graham Bell e sua esposa, que sofria de surdez, além de subsidiar uma Casa dei Bambini, divulgaram o método na revista *The Volta Review*, por eles criada e dedicada à pedagogia especial e aos estudos sobre a linguagem e a surdez: na revista era possível ler notícias das primeiras conferências voltadas para educadoras interessadas no método e de alguns experimentos e aplicações do método com crianças com deficiência. Nesses mesmos anos, outras

---

[67] TOGNI, Fabio. Montessori va in America. Una rilettura pedagogica di un episodio di incontro-scontro tra attivismo pedagogico italiano e Progressive Education americana. *Formazione, Lavoro, Persona*, 6, 10, p. 34-42, 2014.

[68] HOLMES, William Henry. *School organization and the individual child*. Worcester, Mass.: The Davis Press, 1912.

[69] GEORGE, Ann. First Montessori school in America. *McClure's Magazine*, 2, p. 177-187, 1912.

vozes do outro lado do oceano começaram a se interessar pelo novo método. Em maio e dezembro de 1911, a *McClure's Magazine*, criada e dirigida pelo empresário Samuel McClure, publicou dois artigos dedicados a Montessori, assinados por Josephine Tozier, escritora norte-americana que visitara e se admirara com a Casa dei Bambini da Via Giusti em Roma e a de Sant'Angelo em Pescheria: nos dois ensaios, a autora ilustra os aspectos mais importantes do novo método relatando episódios interessantes e mostra seus elementos inovadores, como a imagem da criança, o conceito de disciplina ativa, o papel do adulto, a importância do ambiente, o material didático, as classes mistas por idade. Seis meses depois, na mesma revista, foi publicado um artigo de Anne George descrevendo a experiência de fundar a primeira Casa dei Bambini em Nova York. McClure era um empresário de origem irlandesa, tendo atuado primeiro como jornalista e depois como editor, e foi tomado de curiosidade e entusiasmo, não tanto pelo novo método educacional em si, mas porque começou a vislumbrar a possibilidade de renda com a disseminação do método. Por isso, foi pessoalmente a Roma, para se propor a Montessori como financiador de uma de suas viagens e como empresário para a divulgação do método. A pedagoga, por outro lado, estava convencida de que tinha diante de si um discípulo entusiasmado, mas, apesar desse mal-entendido inicial, a oferta de ir aos Estados Unidos seduzia-a.

Nesse meio-tempo, o método tornou-se conhecido do outro lado do oceano e um jornalista propôs à pedagoga um acordo comercial para a produção e venda dos materiais. As instituições montessorianas começaram a se espalhar muito rapidamente em poucos anos, e no outono de 1913 Samuel McClure organizou a primeira viagem aos Estados Unidos de Maria Montessori, que partiu de Nápoles, embarcando no navio Cincinnati, em 21 de novembro daquele ano, deixando em sua casa, em Roma, o seu filho, Mario, e o seu pai, Alessandro, já idoso e não mais independente, ambos assistidos pelas alunas e amigas Anna Fedeli e Lina Olivero. O navio era um imponente vapor e Maria foi acomodada na primeira classe, em uma cabine bem equipada, tendo acesso aos luxuosos salões para as refeições, ou aos *decks*, onde podia relaxar nas poltronas reclináveis. Dessa viagem, que Maria definiu inicialmente como "um lugar de delícias", mas que também viu como sendo uma "batalha" e uma provação, resta um terno *diário particular*, escrito rapidamente, rico de esboços e breves notas: Montessori pensa constantemente no filho, descrevendo-o como forte e tranquilo e perguntando-se como ele enfrentaria aquele afastamento; regozija-se com o conforto da viagem, relata as suas etapas, narra as canções dos migrantes amontoados nas alas apertadas da terceira classe e cheios de temores e esperanças no seu futuro. Sua entrada nos Estados Unidos foi triunfal: os jornais apresentaram-na ao público como uma verdadeira inovadora da pedagogia, as alunas que haviam frequentado seu curso em Roma acorreram para ouvi-la, ela foi convidada a dar palestras e seminários nos locais mais prestigiados e recebeu o favor do público e do mundo acadêmico e cultural. A primeira conferência foi realizada no Templo Maçônico de Washington, diante de uma grande multidão, e, ao seu fim, Montessori foi convidada para uma festa em sua homenagem com quatrocentos convidados: "toda a alta sociedade da capital se reúne para ver a mulher que descobriu o poder da mente infantil"[70]. O interesse pela pedagoga era muito grande e também foi testemunhado pelas inúmeras personalidades que queriam conhecê-la, como Margaret Wilson, filha do presidente americano em Washington, a famosa ativista Helen Keller na Filadélfia[71], Thomas Edison em Boston, depois John Harvey Kellogg no hospital de Battle Creek[72]: tratava-se de expoentes importantes e conhecidos do mundo científico, cultural, econômico e político. A conferência que Montessori proferiu poucos dias depois no Carnegie Hall, em Nova York, foi apresentada por John Dewey, comprovando

---

[70] DE STEFANO, Cristina. *Il bambino è il maestro*. Milano: Rizzoli, 2020. p. 201.

[71] *Ibidem*, p. 201. Helen Keller, que ficou surda e cega durante a infância devido às consequências de uma doença, conseguiu estudar até à graduação graças à didática de Anne Sullivan e depois se tornou uma ativista socialista: com base em sua história, foi feito em 1963 o filme de grande sucesso *O milagre de Anne Sullivan*, dirigido por Arthur Penn e premiado com mais de um Oscar e com o Globo de Ouro.

[72] Médico e higienista, fundara uma clínica na qual oferecia tratamento de saúde e regeneração por meio de banhos de sol, exercícios respiratórios e uma dieta vegetariana; em seguida, inventou os flocos de milho, produzidos justamente com o propósito de oferecer um alimento vegetal saudável.

a curiosidade e o interesse que também vinham do mundo acadêmico americano naquele momento. Muitas fotografias se estamparam nos jornais da época, que a retratavam como uma mulher elegante, com chapéus grandes e decorados, belos colares, um porte gracioso e acompanhada muitas vezes por sua tradutora e aluna, Adelia McAlpin Pyle, uma jovem e rica aristocrata nova-iorquina que tinha morado com ela por um breve tempo em Roma e que traduziu[73] os textos de Maria. As conferências foram estruturadas de forma que a médica pudesse ilustrar seu método nos diferentes elementos que o compunham (papel da professora, mente da criança, espaços e materiais) e, em muitos casos, as palavras vinham acompanhadas de imagens que eram projetadas em uma tela: eram curtas-metragens e fotografias que mostravam a vida cotidiana dentro das Casas das Crianças: certamente, tratava-se também de uma forma inovadora de divulgação e formação, que pela primeira vez utilizava imagens, e que se coadunava perfeitamente com a insistência na necessidade de observar e documentar o trabalho educativo, um dos pilares do método. Durante essa jornada triunfal e nos meses que se seguiram, a disseminação do método nos Estados Unidos teve uma aceleração conspícua, com a fundação de numerosas Casas das Crianças, bem como vários artigos e contribuições apareceram na imprensa. A posição de Montessori em relação a essa propagação repentina e talvez inesperada era contraditória: por um lado, ela estava extremamente satisfeita e lisonjeada, convencida de que o método poderia trazer um sopro de inovação para o sistema educacional americano; por outro lado, ela também se mostrou preocupada com possíveis distorções e mal-entendidos. As preocupações aumentaram quando alguns livros foram publicados por autores americanos que pretendiam ilustrar o método ou fornecer instruções sobre como fundar novas Casas das Crianças, sem nenhum contato com Montessori, como, por exemplo, dois volumes de Dorothy Fischer, um sobre os princípios do método, e o outro um manual para professores e pais: a autora havia visitado as Casas das Crianças romanas e havia adquirido o

---

[73] GUTEK, Gerald L.; GUTEK, Patricia. *America's early Montessorians*: Anne George, Margaret Naumburg, Helen Parkhurst and Adelia Pyle. New York: Palgrave Macmillan, 2020.

material montessoriano na Itália. Tendo-o levado consigo para os Estados Unidos, aplicou o método em casa com seu filho; os dois volumes apresentaram alguns princípios da pedagogia montessoriana que foram parcialmente distorcidos pela experiência e sensibilidade particulares da autora. Este não foi o único caso: Montessori percebeu que textos de vários tipos sobre o método começavam a circular com algum sucesso, assim como a disseminação das instituições andava de mãos dadas com a fundação de associações montessorianas, às vezes até conflitantes entre si. A reação da médica italiana não tardou e ela decidiu escrever pessoalmente um manual a ser traduzido para o inglês, voltado para o público estadunidense; assim insistiu cada vez mais no problema de uma formação de professoras que fosse controlada e certificada por ela. Essa dinâmica, ocorrida nos Estados Unidos de forma ampliada, também caracterizou, em parte, a difusão do método em outros países: de um lado, a pedagogia montessoriana encontrou admiradores e fiéis implementadores, de outro, por vezes era reinterpretada, provocando a desaprovação da fundadora. A reação de Montessori despertou não poucas polêmicas: alguns a viam preocupada demais em proteger seu método e controlar pessoalmente a sua difusão.

A viagem de regresso dos Estados Unidos, a bordo do transatlântico Lusitania, levou-a até Liverpool, de onde seguiu para Londres, depois para Paris e, finalmente, para a Itália, aonde chegou em janeiro de 1914. Nos meses que se seguiram, Montessori esteve novamente muito ocupada com cursos, seminários e visitas às Casas das Crianças; em 1914, de março a junho, organizou um segundo curso de formação internacional no Castel Sant'Angelo, que teve uma grande repercussão em todo o mundo e atraiu novamente educadoras de muitos países, incluindo um grande grupo de entusiasmadas professoras americanas. As relações com os Estados Unidos continuaram: Montessori inicialmente manteve contato com Samuel McClure, que estava interessado na possível fundação de um centro de treinamento em Nova York e na comercialização do material montessoriano. Essa relação, no entanto, ao longo dos meses seguintes, se desgastou devido a contínuas diferenças e conflitos que resultaram até mesmo em uma resolução judicial: entre Montessori e McClure o rompimento foi definitivo. Enquanto isso, nos Estados Unidos, outros eventos estavam se entrelaçando com a difusão do método: por um lado, o entusiasmo e a curiosidade por parte das professoras e da sociedade haviam crescido, por outro, a pedagogia acadêmica americana era cada vez mais crítica à proposta de Montessori. Em 1914, a editora Houghton Mifflin de Boston, Nova York e Chicago publicou o livro *The Montessori system examined*, escrito por William Kilpatrick, um estudante e colaborador próximo de John Dewey na Universidade de Columbia, professor de grande sucesso e mais tarde fundador do método por projetos. Kilpatrick, em seu texto, analisou o método montessoriano, enfatizando que não se tratava de uma proposta original, mas construída com base nas sugestões de outros pensadores já conhecidos: "Que a educação deve ser considerada como um desenvolvimento a partir de dentro é uma doutrina principal da senhora Montessori. A ideia, é claro, é antiga. Rousseau, Pestalozzi e Froebel estão entre seus expoentes mais destacados"[74]. O autor comparou então o método de Montessori com o de Dewey, mostrando que este último era mais original, mais rigoroso e mais eficaz. A conclusão a que chegou Kilpatrick foi decididamente crítica à proposta da pedagoga, que foi reavaliada e se tornou alvo de questionamentos e perplexidade:

> Sua preparação para as artes escolares deve ser muito útil na Itália. É possível que sua técnica de escrita se mostre útil em todos os lugares. Se assim for, trata-se de uma contribuição. Com isso a lista termina. Não devemos grande ponto de vista à senhora Montessori. Distinguindo contribuição de serviço, ela é mais uma contribuidora para a criação da Casa dei Bambini. Seu maior serviço provavelmente reside na ênfase na concepção científica da educação e na utilização prática da liberdade.[75]

---

[74] KILPATRICK, William Heard. *The Montessori system examined*. Boston; New York; Chicago: Houghton Mifflin Company, 1914. p. 7.

[75] *Ibidem*, p. 67.

Naquela época, a discussão sobre os métodos educacionais para a primeira infância estava em alta do outro lado do oceano, e o mundo científico e acadêmico mostrava um afastamento em relação a Montessori. Apesar disso, ou talvez por causa disso, Montessori aceitou os convites reiterados de inúmeras professoras para retornar aos Estados Unidos: a ocasião da viagem foi um importante evento internacional. Com efeito, estava sendo aberto o Canal do Panamá, a Exposição Internacional Panamá-Pacífico estava sendo inaugurada em São Francisco, permanecendo aberta de 20 de fevereiro a 4 de dezembro de 1915. A Exposição era a ocasião do renascimento e reabilitação da cidade, fortemente abalada pelo terremoto de 1906: São Francisco investiu pesadamente nesse evento, montando pavilhões muito elegantes e cuidando em particular dos aspectos arquitetônicos, em alguns casos graças ao recurso à expertise estrangeira (a seção italiana foi projetada pelo arquiteto e urbanista Marcello Piacentini, muito famoso na Itália na época). Montessori, convidada com outras autoridades, incluindo o prefeito de Roma Ernesto Nathan, decidiu viajar acompanhada de seu filho, Mario, talvez também para evitar que o menino acabasse sendo chamado para combater no fronte, caso a Itália entrasse na guerra. Eles embarcaram juntos em abril daquele ano no transatlântico Duca degli Abruzzi para chegar a Nova York, onde ela era aguardada por algumas alunas, incluindo Helen Parkhurst. Depois de uma breve parada na Costa Leste, Montessori atravessou os Estados Unidos em um trem continental, com destino à Califórnia, que ela não havia visitado em sua viagem anterior. Foi recebida em São Francisco e Los Angeles com muitas honras, mas os apoiadores que tanto fizeram por ela durante sua primeira viagem americana agora se distanciaram: o Sr. e a Sr.ª Bell, em particular Mabel, ficaram desconcertados com uma atitude que lhes pareceu ser de ciúmes e de controle por parte de Montessori; mesmo com outros admiradores, as relações haviam se desgastado ou esfriado devido à ansiedade da médica, que temia que seu método pudesse ser reinterpretado ou deformado. Chegando à Costa Oeste, a pedagoga iniciou inúmeros cursos de formação, particularmente em San Diego, os quais despertaram o entusiasmo das professoras locais.

Esta ocasião também lhe permitiu uma curta viagem ao México e a preparação de sua participação na Exposição Internacional. Na Exposição de São Francisco, Montessori ilustrou seu método e fez uma verdadeira demonstração. De fato, havia sido montada uma sala na qual as crianças, sob a orientação de Helen Parkhurst, realizavam atividades escolares: os visitantes podiam observá-las através de algumas paredes de vidro, enquanto se dedicavam a manipulação, exploração, atividades cotidianas; a sala reproduzia exatamente os materiais e o mobiliário das Casas das Crianças e atraía inúmeros visitantes, curiosos e entusiasmados. Anna Fedeli relatou, em seus escritos particulares, que muitos deles permaneceram por horas admirados e depois foram embora, sem visitar mais nada, satisfeitos com aquele espetáculo singular. O método, que já era conhecido, disseminou-se ainda mais como resultado dessa importante ocasião: havia cerca de duzentas Casas das Crianças em 1915, e muitas alunas que haviam frequentado os cursos na Itália e nos Estados Unidos tornaram-se fervorosas divulgadoras. Nessa segunda viagem americana, Montessori foi assistida e acompanhada por Helen Parkhurst, professora primária, formada pela Universidade de Columbia, que havia frequentado um curso de Montessori em Roma e fundado uma escola em Nova York para a aplicação do método: a relação entre professora e aluna era de grande harmonia e Parkhurst também realizava uma importante tarefa de organizar e administrar financeiramente a viagem, bem como a publicidade das conferências e do método. Enquanto Montessori estava intensamente ocupada nos Estados Unidos, em 25 de novembro de 1915, seu pai, Alessandro, já com mais de oitenta anos e confinado em uma cadeira de rodas havia algum tempo, morreu em Roma, assistido por dois amigos da família. A pedagoga procurara aproximar-se dele, dirigindo-lhe numerosas cartas dos Estados Unidos, nas quais contava detalhadamente suas vicissitudes, seu sucesso e as interessantes perspectivas que se abriam, e também descrevia as paisagens, os costumes e os encontros. A médica, profundamente consternada por não poder acompanhá-lo em seus últimos momentos, decidiu atravessar os Estados Unidos de costa a costa para embarcar para a Europa. Nesses momentos de apreensão e tristeza, Montessori encontrou em Helen Parkhurst uma aluna fiel em quem nutria profunda confiança, a ponto de confiar-lhe a tarefa de coordenar o movimento de suas escolas e atribuir-lhe o papel de representante legal da Associação Montessori que fundou, bem como de responsável pela organização do Centro de Formação de Professoras em Nova York, a fim de oferecer cursos e diplomas reconhecidos pela própria Montessori.

As relações com os Estados Unidos tornaram-se, ao longo dos anos subsequentes, muito complexas: por um lado, a difusão do método sofreu um recuo, provavelmente também influenciado pelas posições assumidas pelo mundo acadêmico; por outro lado, Montessori voltou para ministrar cursos de formação no fim de 1916 e fim de 1917. Nesta ocasião, seu filho, Mario, acompanhou-a de volta à Califórnia e, no fim de 1917, casou-se com Helen Christy, uma das alunas de Montessori. Precisamente nesse período, o vínculo intenso com Helen Parkhurst desgastou-se, e depois se rompeu: esta, de fato, começou a implementar o método fazendo algumas de suas modificações originais, em parte para adaptá-lo à realidade norte-americana, em parte reinterpretando-o à luz de suas próprias reflexões e de sua própria experiência consolidada como professora, tendo chegado a criar seu próprio método original, o Plano Dalton, assim chamado em razão do nome do local onde foi testado. Essa variante distanciou permanentemente Helen de Montessori, que eliminou qualquer possibilidade de colaboração. Nos mesmos anos, o interesse do mundo estadunidense pelo método arrefeceu consideravelmente e somente nos anos 1950, em particular graças ao trabalho de Nancy McCormick Rambusch, o interesse por ele voltaria a ganhar força.

A história da disseminação do montessorismo nos Estados Unidos mostra como o método, no encontro com um mundo cultural diferente, passou por diferentes fases e caminhos complexos: a aceitação incondicional, mas também as críticas, ou a integração com outros métodos existentes, ou algumas modificações.

A situação na Itália

Em sua viagem de retorno dos Estados Unidos, Montessori não desembarcou na Itália, mas na Espanha: nesse período, a disseminação do método em sua terra natal havia estagnado. Na Itália, houve um intenso debate sobre qual método seria mais apropriado e eficaz para adotar nas instituições de primeira infância. Em particular, o método de Ferrante Aporti, que fundara os primeiros jardins de infância a partir de 1828, tinha sido amplamente difundido até os anos 1980 do século XIX, depois sofrera a concorrência de outros métodos, tendo sido criticado e repensado: era, de fato, considerado por alguns pensadores como muito mecânico, e também destinado a fornecer a meninos e meninas os primeiros rudimentos de leitura e escrita. Na segunda metade do século XIX e no início do século XX, novos métodos difundiram-se: o método froebeliano, importado para a Itália em particular por Adolfo Pick, o método proposto pelas irmãs Rosa e Carolina Agazzi e o de Montessori. Os anos entre 1911 e 1922 foram caracterizados por debates muito intensos sobre esses métodos, que também foram comparados e discutidos em seminários e congressos abertos a professoras e educadoras. O método froebeliano, que era o mais difundido, era em parte percebido como muito ligado à cultura transalpina e, portanto, não muito adequado às características do contexto italiano, mas também era favoravelmente aplicado pelas educadoras; o método das irmãs Agazzi e o de Montessori eram mais recentes e em parte tinham características semelhantes, e tinham a vantagem de ser "italianos", mas despertavam perplexidade em alguns pedagogos e pensadores justamente pelos aspectos inovadores que os caracterizavam. O Jardim de Infância de Mompiano (Brescia), fundado por Pietro Pasquali e suas irmãs Rosa e Carolina Agazzi, ficou conhecido como uma experiência inovadora; as duas pedagogas propuseram: a importância do ambiente, com espaços bem cuidados, amplos, iluminados e limpos; as atividades típicas realizadas com materiais froebelianos foram substituídas por atividades diárias (organizar, arrumar a mesa etc.) e atividades de jardinagem; a importância da relação entre professora e mãe e do conhecimento do mundo familiar; a relação de respeito, diálogo e orientação à criatividade da professora com as crianças. O aspecto mais inovador foi o uso de descartes, ou seja, objetos para reciclagem, descartados, encontrados pelas crianças e levados para a escola para serem utilizados de forma criativa. O método montessoriano havia encontrado, como vimos, importantes apoiadores, como a Sociedade Humanitária de Milão e uma parte da alta burguesia e da aristocracia romana. Casas das Crianças haviam sido fundadas em algumas cidades italianas, mas o método não havia sido aceito como o único método educacional; pelo contrário, ainda suscitava perplexidade em parte do mundo pedagógico. A extensão da proposta montessoriana ao ensino fundamental, que, como vimos, ocorreu em Milão, e a publicação de *A autoeducação nas escolas primárias*, obra que abordou em detalhes os princípios fundamentais do pensamento montessoriano e que também analisou os materiais destinados à faixa etária de seis a doze anos, não deram à autora a afirmação definitiva no panorama pedagógico italiano que talvez ela esperasse. As Casas da Criança funcionavam graças principalmente ao entusiasmo dos financiadores e de algumas alunas e professoras. Em alguns casos, estas últimas propunham o método convencidas da importância de seu valor social: um exemplo foi a Casa dei Bambini de Nápoles, dirigida por Maria Fancello, que visava crianças de classes sociais baixas e em condições de extrema miséria cultural e econômica. O diário escrito por essa professora, que ainda hoje podemos ler, falava de crianças que nunca tinham visto copos em casa, que só conheciam tapas, surras e xingamentos por parte dos adultos, que ignoravam completamente qualquer mínima regra social: o caminho percorrido com essas crianças foi comovente e significativo, pois, com paciência e progressivamente ao longo de alguns meses, a professora conseguiu estabelecer uma relação baseada no respeito e na escuta, criar laços sociais entre as crianças, propor atividades com objetos cotidianos quase desconhecidos. Esta não foi a única experiência de condições de tamanho sofrimento social: outras professoras montessorianas também enfrentaram naqueles anos muitas dificuldades e chegaram a contextos de pobreza e abandono, conseguindo melhorar as condições de vida de crianças e famílias com sensibilidade paciente, como no caso de algumas pequenas Casas das Crianças no interior de Roma. Apesar disso, o governo italiano não demonstrou interesse particular no método de Montessori, numa época em que a fama internacional já notabilizara a sua fundadora; o mundo acadêmico e pedagógico, por sua vez, mostrava-se relutante e pouco entusiasmado. Naqueles anos, muitos expoentes do mundo cultural e pedagógico italiano debateram antes a necessidade de identificar um "método italiano", que não coincidisse com o montessoriano ou o agazziano, mas que fosse uma espécie de síntese harmoniosa dos métodos presentes nas escolas infantis do país. Esse debate, como veremos, permaneceu acirrado até os anos 1922-23, quando, com a ascensão do governo fascista, o mundo político italiano se posicionou sobre a educação das crianças.

Montessori na Espanha

Como mencionamos anteriormente, ao retornar dos Estados Unidos, Montessori desembarcou na Espanha, provavelmente em parte por motivos pessoais, em parte por razões relacionadas à dinâmica da difusão de seu método. De acordo com alguns biógrafos, ela estava, de fato, preocupada com a possibilidade de seu filho, Mario, ser chamado pelas forças armadas e, portanto, inclinada a permanecer em um país que era neutro naquela época. Além disso, ela tinha sido atraída pela recepção calorosa dos espanhóis e estava interessada em promover a propagação do método naquela região. Decidiu, então, passar as férias de Natal em Barcelona, com Anna Maria Maccheroni, que começara a dirigir uma Casa dei Bambini naquela cidade, e também foi acompanhada por Anna Fedeli.

A Catalunha mostrou-se muito acolhedora e sensível às propostas montessorianas: desde a abertura das primeiras Casas das Crianças italianas em Roma, o governo catalão demonstrou atenção a esse experimento, também por sugestão do padre Antonio Casulleras Calvet, missionário que havia retornado da América Central e estava interessado em fundar escolas maternais. Por esse motivo, o governo enviou a Roma em 1913 um professor, Joan Palau Vera, já estudioso e admirador das experiências das novas escolas na Europa, com o objetivo de estudar o novo método: em seu retorno, o professor abriu uma Casa dei Bambini particular (Mont d'Or), voltada para crianças de classe média, e, com a ajuda do padre Clascar, uma Casa dei Bambini na Maternidade de Barcelona, que abrigava crianças órfãs. Dessa experiência educacional temos um diário que Palau Vera publicou e que foi parcialmente relatado nas páginas da revista pedagógica *La Coltura Popolare*: o professor descreveu a abertura da pequena escola com trinta crianças de quatro a seis anos, que até então haviam sido submetidas apenas aos métodos tradicionais e à disciplina da imobilidade. A conquista da liberdade, como escreveu Palau Vera, deu-se lentamente e não sem esforço, mas com considerável alegria e satisfação: "um dos espetáculos humanos mais felizes que pude presenciar em minha vida foi ver a ordem, a harmonia, a disciplina sair e organizar-se espontaneamente daquele caos de impulsos sem freio ou coordenação"[76]. O diário descrevia detalhadamente, semana a semana, a transição de uma disciplina "desastrosa", que via as crianças totalmente privadas da capacidade de se relacionarem entre si passarem a uma conquista progressiva de competências sociais, até chegarem à alegria dos relacionamentos, a uma relação de respeito mútuo e ajuda mútua e à transformação do caráter. As atividades propostas eram as indicadas pelo método: exercícios com materiais, atividades ao ar livre, movimento, e também uma primeira abordagem de leitura e escrita, ditada pelo surgimento espontâneo do interesse das crianças por essa atividade. Palau Vera enfatizou, em seu relato, que "uma nova humanidade" de seres superiores estava sendo formada nas Casas das Crianças e expressou todo o seu entusiasmo por esse método, apoiando a importância da formação de outras professoras. O sucesso dessa experiência levou o governo catalão a enviar outras professoras a Roma para participarem do Curso Internacional de Formação de 1914 e a pedir a Montessori que enviasse uma de suas alunas de confiança: foi assim que Anna

---

[76] PALAU VERA, Joan. Un saggio dell'applicazione del metodo nella Casa di maternità di Barcellona. *La Coltura Popolare*, 3, p. 411-428, 1928. p. 416.

Maria Maccheroni chegou a Barcelona em 1915, visitou a escola de Palau Vera e depois fundou a Escuela Montessori, frequentada principalmente pelos filhos da burguesia local. Além disso, em 1915, a Prefeitura de Barcelona chamou Mercé Climent, uma professora que havia frequentado o segundo Curso Internacional Montessori em Roma, para dirigir uma escola montessoriana. A difusão do método nessas áreas continuou rapidamente, graças às professoras formadas em Roma que retornaram à sua terra natal e também em razão de um vínculo de apoio considerável por parte dos religiosos da companhia de São Vicente de Paulo, que viram no novo método alguns princípios em sua opinião perfeitamente alinhados com os do catolicismo. Segundo Sureda García, o método foi bem recebido e disseminou-se rapidamente porque se conciliava bem naquela época com os ideais de alguns movimentos feministas e com os ideais do catolicismo social da época[77]. Na Espanha, Montessori também organizou e realizou cursos de formação internacionais, o primeiro dos quais em fevereiro de 1916, que foi seguido por muitos outros; decidiu residir em Barcelona, embora alternasse sua estada na cidade com inúmeras viagens à Itália e a outros países, para visitar Casas das Crianças ou realizar cursos de formação e conferências[78]. A partir de 1918, Montessori também aceitou ocupar o cargo de diretora do Laboratório Seminário de Pedagogia na cidade e esta-beleceu intensos contatos com expoentes da cultura pedagógica local. O apoio das autoridades locais foi constante, e isso também ficou evidente alguns anos depois, quando em 1933 elas apoiaram e divulgaram o Curso Internacional de Formação na capital catalã. Em 1918, seu filho, Mario, juntou-se a ela, após se casar com Helen Christy e depois de uma viagem à América do Sul e uma estada na Califórnia: justamente em Barcelona nasceram os dois primeiros netos de Montessori: Marilena em 1919, Mario Junior em 1921.

---

[77] SUREDA GARCIA, Bernat. The expansion of the Montessori method in Spain from 1913 to 1939. *In*: PIRONI, Tiziana (ed.). *Maria Montessori tra passato e presente*. La diffusione della sua pedagogia in Italia e all'estero. Milano: FrancoAngeli, 2023. p. 55-67.

[78] COLOM, Antoni J. Las primeras aplicaciones del método Montessori en Mallorca. *In*: LASPLANAS PÉREZ, José. *Historia y teoría de la educación*. Pamplona: Eunsa, 1999. p. 129-138.

Os anos da Primeira Guerra Mundial

Os anos que coincidiram com a eclosão da Primeira Guerra Mundial foram cheios de acontecimentos para Montessori e para a expansão da sua proposta. Como já vimos, em Milão, em 1916, graças ao apoio da Sociedade Humanitária, fora lançado um experimento com duas classes elementares dentro de uma Casa dei Bambini: o método, portanto, foi ampliado para incluir a faixa etária de seis a onze anos. No mesmo ano, a pedagoga publicou seu volume *Autoeducação nas escolas primárias*; o subtítulo, *Continuação do volume O método da pedagogia científica aplicada à educação infantil nas Casas das Crianças*, já mostrava como Montessori concebia o novo livro, ou seja, um aprofundamento e uma ampliação do anterior. No prefácio, a autora recordou o papel fundamental assumido, para a implementação de sua proposta, por Maria Maraini Gonzaga e Alice Franchetti, mencionada com nostálgico carinho e com admiração por suas experiências educativas; houve também agradecimentos à Rainha Mãe, que contribuíra para a realização dos cursos de formação, à Sociedade Montessori de Londres e à Sr.ª Phipps de Pittsburg pelo trabalho realizado nos EUA.

O livro parecia uma espécie de ocasião para fazer um balanço tanto privado quanto profissional. No prefácio havia uma menção afetuosa a seus pais, falecidos naqueles anos, que tanto a apoiaram em seus empreendimentos e projetos:

> Se ainda há uma homenagem a ser feita, é a meus Pais, que acompanharam todos os meus sacrifícios, minhas angústias, e assistiram a esta última experiência que abriria o caminho para uma continuação indefinida da primeira obra que havia iniciado com sucesso uma reforma educacional; e então, como que satisfeitos com o que tinham visto, adormeceram quase ao mesmo tempo, certos de que me deixavam uma família na humanidade.[79]

---

[79] MONTESSORI, Maria. *L'Autoeducazione nelle scuole elementari*. Milano: Garzanti, 1992. p. XVIII.

No entanto, a autora recordou ainda o trabalho das suas alunas mais fiéis, não só pela proximidade humana, mas também pelo contributo científico para a evolução da sua proposta:

> [...] é difícil reconhecer numa obra coletiva qual é a contribuição precisa de cada um: e este experimento deve ser considerado como fruto de uma colaboração plenamente fraterna: onde, no entanto, a parte da "gramática" se deve particularmente à senhorita Fedeli, amante requintada da língua italiana, e da linguagem musical à senhorita Maccheroni.[80]

Dessa forma, Montessori reconhecia explicitamente a notável contribuição das duas alunas para a experiência. O livro foi estruturado de tal forma que, além da explicação dos princípios fundamentais do método (papel da professora, papel do ambiente, autonomia da criança), foram apresentados materiais, testes, exercícios específicos para as diferentes disciplinas abordadas. Ainda no que diz respeito à aprendizagem nessa faixa etária, segundo Montessori, era essencial partir dos sentidos e das experiências concretas, em contraste com o que se praticava nas escolas italianas da época. Ela também reiterava a importância de um novo papel para a professora e de uma formação docente adequada: "Delineou-se um novo tipo de professora: em vez da palavra, ela deve aprender o silêncio; em vez de ensinar, deve observar; em vez da dignidade orgulhosa de quem queria parecer infalível, ela assume um manto de humildade"[81]. Ao contrário da professora tradicional, a professora montessoriana tinha de saber "dar um passo atrás", deixando espaço para a exploração da criança, ouvindo-a, predispondo um ambiente adequado, movendo-se com a paciência de um santo e a capacidade de observação de um cientista.

O ano de 1916 foi importante também em razão da realização da Conferência Internacional organizada pela Sociedade Humanitária em Milão, que se tornou uma oportunidade essencial para divulgar o método, mas também para reavivar e fazer contatos com países estrangeiros, contatos que permitiram uma maior divulgação das

---

[80] *Ibidem*, p. XXI.

[81] *Ibidem*, p. 113.

ideias montessorianas, de tempos em tempos acolhidas em outros países, em parte de forma rigorosa, em parte encontrando críticas ou tentativas de adaptação e integração com outros métodos. O projeto da Sociedade Humanitária era criar um verdadeiro Centro de Estudos e Formação: esse era um projeto compartilhado tanto por Montessori quanto por Augusto Osimo, que via o problema da formação das professoras como prioridade. Infelizmente, os acontecimentos da guerra não permitiram a realização de uma obra tão grandiosa, pois faltavam recursos importantes e, sobretudo, porque a Humanitária estava engajada em iniciativas de socorro aos órfãos, às pessoas deslocadas e aos mutilados pela guerra. Montessori, embora consideravelmente absorvida por numerosos compromissos internacionais para a realização de conferências e seminários e pela escrita, estava profundamente angustiada com a situação bélica e via nas crianças as primeiras vítimas dessa situação e os futuros cidadãos de um mundo que deveria ter sido construído sobre os princípios da paz e da fraternidade. Nesse período, algumas Casas da Criança, como a de Milão ou a inaugurada no Parque da Villa Real, em Monza, foram transformadas em centros para receber os filhos de refugiados e deslocados, que encontraram conforto e possibilidade de recuperação graças ao ambiente sereno e acolhedor da escola. Em 1917, Montessori, profundamente afetada pelos acontecimentos da guerra, planejou e propôs a criação de uma Cruz Branca Internacional para proteger as crianças: um testemunho desse projeto pode ser visto na carta que enviou de San Diego, onde estava em viagem, a Augusto Osimo, na qual pedia apoio para a criação de uma *White Cross*, da qual deveriam participar pedagogos, médicos e psiquiatras. Na carta, a pedagoga destacou que as crianças não podem ser tratadas apenas em suas feridas, mas sobretudo porque estão traumatizadas pelos eventos da guerra e pela perda de familiares e conhecidos; as crianças, sublinhou, terão então de reconstruir a sociedade destruída pela guerra e devem receber apoio especial e intervenções educativas específicas. A proposta, infelizmente, caiu no vazio, embora também desejada por Osimo, devido à falta de interlocutores que quisessem organizar o projeto.

No entanto, o vínculo com o presidente da Sociedade Humanitária permaneceu muito profundo e de notável sintonia, tanto que um acordo financeiro inicial foi alcançado para a fundação do Centro de Estudos. Infelizmente, em 1921, Augusto Osimo adoeceu de câncer, do qual faleceu em 1923, e esse acontecimento provocou a interrupção de uma parceria que havia possibilitado a realização de obras fundamentais e a difusão de novas ideias pedagógicas com vigor. Progressivamente, nos anos seguintes, houve um distanciamento e esfriamento do vínculo com a Sociedade, também em razão da afirmação do fascismo a partir de 1922. Em 1925, a Sociedade Humanitária cessou a produção de materiais montessorianos, que a partir de então eram feitos pela companhia de Ernesto Bassoli e filhos de Mântua.

Após a década de 1920, na Itália e na Europa, os acontecimentos da guerra e do pós-guerra provocaram um debate muito acalorado sobre a formação das novas gerações, sobre a eficácia dos sistemas escolares existentes, sobre as diferenças nas práticas educacionais e escolares presentes nas nações que saíram vitoriosas ou perdedoras do conflito mundial.

A difusão do método na Europa e no mundo

Nos anos entre 1911 e 1930, o método Montessori teve uma difusão internacional muito ampla, a ponto de seus apoiadores na Itália denunciarem vigorosamente quanto Montessori era apreciada no exterior e pouco valorizada em seu país. Em janeiro de 1921, por exemplo, Augusta Osimo Muggia, esposa de Augusto Osimo, então presidente da Sociedade Humanitária, escreveu amargamente na revista pedagógica *La Coltura Popolare*:

> Em todos os lugares, longe de sua terra, Montessori é considerada uma glória italiana e é acolhida e honrada. É claro que a comparação entre o que fazemos e o que os outros fazem é mortificante; certamente, não pouca amargura deve afligir a alma da Médica quando os estrangeiros, homenageando a genialidade de seu pensamento, lhe perguntam:

"Mas o que está sendo feito pelo seu Método em seu país?" [...] Na Itália, Montessori ainda não despertou o interesse unânime que despertou em outros países da Europa, na América e na Ásia, na Austrália. [...] Por quê? Porque somos indolentes e céticos, porque os homens de ciência são muitas vezes refratários às novidades [...] talvez até – receio – eles estejam menos inclinados a dar-lhe crédito porque a inovadora é uma mulher.[82]

A difusão do método no exterior havia começado em 1909: o primeiro livro escrito por Montessori, *O método*, e publicado graças aos barões Franchetti, foi traduzido para muitas línguas em inúmeros países: em 1912 na Inglaterra e nos Estados Unidos; em 1913 em russo, alemão, japonês; em 1914 em romeno, espanhol, holandês; nos anos seguintes em outras línguas. Como resultado dessas traduções, aumentou o número de admiradores e divulgadores, às vezes até expoentes do mundo cultural ou científico, mas não necessariamente filósofos ou pedagogos: basta dizer que Robert Peary, um explorador que em 1909 havia sido o primeiro a chegar ao Polo Norte, afirmou naqueles anos que o método era uma descoberta da alma humana. Esse aspecto demonstra a função publicitária que foi em alguns casos desempenhada também por personalidades do cenário político ou cultural. Assim, as Casas das Crianças foram fundadas em muitos países: não é fácil traçar um quadro claro da difusão do método. Com muita frequência, algumas personalidades femininas desempenharam um papel significativo. Certamente, em muitos países a propagação também foi acompanhada de críticas e, em alguns casos, de conflitos ou dissabores que surgiram posteriormente entre Montessori e alguns divulgadores, em geral especialmente no que diz respeito ao problema da formação das professoras e ao problema da coexistência de outros métodos já utilizados ou inovadores. Os acontecimentos são, por vezes, complexos até para serem reconstruídos historicamente; citemos alguns deles.

---

[82] OSIMO MUGGIA, Augusta. *La Coltura Popolare*, 1, p. 13-16, 1921. p. 13-14.

Um caso interessante também devido à sua proximidade geográfica é o da Suíça, um país com o qual relações complexas foram estabelecidas desde o início. Teresa Bontempi, inspetora dos jardins de infância de Ticino, conhecera Montessori em 1908, em Milão, no Congresso da Vida Prática das Mulheres, e depois a encontrou em Roma; ela logo se interessou pelo novo método e começou a adotá-lo em jardins de infância de Ticino; nesse tempo, frequentara o primeiro curso de formação na casa do casal Franchetti de Montesca, em 1909. Teresa também esteve em contato com Augusto Osimo e a Sociedade Humanitária de Milão, para pedir materiais. Em 1909 ela organizou um curso de formação em Bellinzona para as professoras do jardim de infância do cantão; as relações entre Teresa e a Humanitária intensificaram-se, também graças à transferência para Milão da professora de Ticino Mari Valli, e em sentido oposto em razão da estada na Suíça da professora italiana Maria Sanguini. Iniciou-se um verdadeiro processo de intercâmbios muito densos, que contou também com a visita de algumas professoras milanesas aos jardins de infância de Bellinzona e arredores. Quando, em 1911, Osimo organizou o primeiro curso de formação na Humanitária de Milão, ela pediu à própria Montessori que o realizasse, mas a médica, ocupada em viagens contínuas na Itália e no exterior, sugeriu a Osimo que recorresse a Teresa Bontempi: esta, assistida por Maria Valli, coordenou o curso e participou como ministrante. Nesse ínterim, em 1913, Teresa realizou seu primeiro curso prático de pedagogia montessoriana no Instituto Jean-Jacques Rousseau, de Genebra, fundado no ano anterior. A partir de 1914, no entanto, Montessori começou a questionar a ortodoxia do método tal como era praticado nos jardins de infância de Ticino, e a enfatizar que os professores formados por Teresa Bontempi aplicavam um método que não era seu, mas uma espécie de reelaboração: essas opiniões, que emergiram explicitamente em algumas cartas dirigidas pela pedagoga a Osimo, levaram a um distanciamento progressivo entre Milão e Ticino, tanto que, no curso de formação organizado pela Humanitária em 1914-15, Teresa não se envolveu e houve a participação de apenas uma professora de Ticino, Ines Bernasconi, que depois lecionou na

Casa dei Bambini de Agro Pontino, na Itália. Nos anos seguintes, o cantão de Ticino adotou o método e estendeu-o às escolas primárias, mas, quando Maria Boschetti Alberti fundou a Escola Serena na Suíça, Teresa Bontempi começou a difundir essa última experiência, negligenciando a disseminação do método Montessori[83]. A história da difusão na Suíça, que aqui analisamos mais detalhadamente do que outras devido ao considerável envolvimento que se verificou, mostra como em alguns casos o método foi adotado, mas também sofreu modificações e adaptações progressivas, que por vezes acabaram causando distanciamentos ou desentendimentos com Montessori e que, de qualquer forma, eram o resultado da inevitável interação com fermentos culturais locais e também estavam ligados aos interesses e motivações de alguns personalidades particulares[84].

Avançando um pouco mais no espaço, se analisarmos a situação na vizinha França, podemos observar isso novamente. A difusão do método, na verdade, estava ligada ao trabalho de uma teosofista e professora, a Sr.ª Pujol-Ségalas, que frequentou um curso de formação em Roma e propôs algumas conferências em seu país[85]; mais tarde, a filha do embaixador francês, Jeanne Barrère, também pertencente ao movimento teosófico, abriu uma Casa dei Bambini. A difusão do método, nesta fase inicial, foi fomentada e entrelaçou-se com uma rede de relações entre mulheres que aderiram à teosofia e que viam uma grande harmonia entre a visão espiritual de Montessori e a da teosofia, como ficou evidente pelo que escreveram em inúmeros artigos publicados em revistas francesas da área[86]. Após uma fase de difusão progressiva na França, Montessori foi pessoalmente convidada por Cousinet e Guéritte no início dos anos 1930, por

---

[83] SAHFIELD, Wolfgang; VANINI, Alina. La rete di Maria Montessori in Svizzera. *Annali di Storia dell'Educazione e delle Istituzioni Scolastiche*, 25, p. 163-180, 2018.

[84] BAUMANN, Harold. *Hundert Jahre Montessori-Pädagogik*. 1907-2007. Eine Chronik der Montessori-Pädagogik in der Schweiz, Bern, Haupt, 2008.

[85] PUJOL SÉGALAS, Marie-Louise. *Jardin d'Enfants*. Programme général. Paris: Société Théosophique, 1912.

[86] TODARO, Letterio. La circolazione della pedagogia montessoriana attraverso le reti internazionali della fratellanza teosofica nei primi decenni del Novecento: il caso francese. *Rivista di Storia dell'Educazione*, 8, 2, p. 109-121, 2021. DOI 10.36253/rse-10354.

ocasião do aniversário da associação Nouvelle Éducation, para dar uma conferência ilustrando os resultados do método.

Igualmente interessante foi o caso da Alemanha, onde, a partir de 1913, Clara Grunwald fundou uma primeira Casa dei Bambini e uma Sociedade Montessori: nos anos seguintes, porém, não faltaram contrastes com a médica italiana, que se preocupava não somente com a aplicação rigorosa de seu método, mas também com o fato de que Grunwald era muito próxima do movimento socialista e de fato propunha uma mistura dos princípios desse movimento com os do montessorianismo. Esses contrastes resultaram em uma verdadeira secessão de uma parte da Montessori Society e em conflitos também no âmbito jurídico; infelizmente, os acontecimentos ligados ao montessorianismo entrelaçaram-se tragicamente com eventos políticos: com a ascensão do nazismo, escolas montessorianas foram fechadas e Clara Grunwald, de origem judaica, foi deportada e assassinada no campo de concentração de Auschwitz em 1943. Acontecimentos igualmente conflituosos e trágicos acompanharam a disseminação do método na vizinha Áustria: em Viena, Lili Roubiczek, depois de frequentar um curso de formação em Londres, fundou e dirigiu uma Casa dei Bambini em 1922, estabelecendo um vínculo de profunda estima e devoção com Montessori, a ponto de ser autorizada a realizar experiências reais, ainda que pouco ortodoxas, e a oferecer cursos de formação. Roubiczek era motivada por ideais humanitários e convencida de que o método Montessori tinha um potencial considerável para melhorar as condições de vida de crianças pertencentes a classes sociais muito desfavorecidas. A pedagoga italiana, no entanto, começou a se distanciar de Roubiczek tanto porque percebeu suas simpatias socialistas, quanto porque ela se aproximava gradualmente da psicanálise: a ruptura irreconciliável entre as duas mulheres foi consumada pouco depois; em seguida, a ascensão do nazismo e a subsequente invasão da Áustria levaram Roubiczek a fugir para os Estados Unidos e provocaram o fechamento das escolas montessorianas.

Por outro lado, a difusão do método percorreu um caminho importante na Bélgica, país geograficamente limitado, mas que na época desempenhava um papel de destaque no cenário pedagógico internacional, pois promovia inúmeras conferências e oportunidades de discussão, entre as quais o primeiro Congresso Internacional de Pedologia, em 1911, durante o qual foram discutidos diversos aspectos da educação infantil, desde a formação das professoras, passando pelos métodos educacionais, até a inclusão de pessoas com deficiência. Nesse país, a educação infantil era difundida e reconhecida como uma fase importante do percurso escolar, ao contrário do que ocorria em outros países; além disso, nos programas ministeriais havia políticas que iam na direção de certa espontaneidade e autonomia da criança[87]. Um papel significativo na difusão do método montessoriano foi desempenhado pela congregação religiosa das Irmãs de Notre Dame, que o adotou em suas escolas, e por Léon De Paeuw, inspetor-geral do ensino primário e depois da Escola Normal no âmbito do Ministério das Artes e Ciências: este último participou em 1916 do Congresso de Educação Popular organizado pela Humanitária de Milão, visitou várias vezes as Casas das Crianças e reconhecia a importância dos cursos de formação para professoras. Entrou em estreito contato com Augusto Osimo, com quem mantinha uma relação muito intensa, testemunhada também pela correspondência ainda preservada. De Paeuw trabalhou vigorosamente para organizar cursos de formação na Bélgica e enviar professoras para cursos realizados na Itália, nem sempre com bons resultados, tanto em razão das dificuldades causadas pela guerra quanto por causa dos obstáculos colocados, após a guerra, pela propagação da epidemia de gripe espanhola. Fez inúmeras viagens à Itália e realizou muitas conferências em seu país, nas quais não propôs uma comparação com o método Decroly, já existente na Bélgica, mas simplesmente apresentou os princípios do método montessoriano, que também conseguiu incluir nos programas ministeriais. O encontro direto entre De Paeuw e Montessori ocorreu em Barcelona, em 1919: naqueles anos, o inspetor belga estava ocupado escrevendo artigos e livros sobre o método, focados em indicações práticas para pro-

---

[87] DEPAEPE, Marc; SIMON, Frank. Les écoles gardiennes en Belgique. Histoire et historiographie. *Histoire de l'Éducation*, 82, p. 73-99, 1999.

fessores e pais. Em 1922, Montessori foi convidada a ir a Bruxelas para a semana pedagógica e proferiu sete palestras que mais tarde formariam a base para a escrita de *A criança em família*. É claro que o método naquela época também foi alvo de críticas, particularmente por parte dos seguidores de Decroly, mas sua disseminação foi notável[88]. A proposta montessoriana também teve uma recepção favorável na vizinha Holanda, onde em 1917 a pedagoga italiana foi convidada a realizar seminários e conferências e onde uma aluna que havia frequentado os cursos de formação em Roma, Caroline Tromp, havia fundado a primeira Casa dei Bambini alguns anos antes. No mesmo ano, a Sociedade Montessoriana Holandesa foi fundada, e os Países Baixos mais tarde desempenhariam um papel importante em questões pessoais e profissionais de Montessori. A difusão do método na Inglaterra também foi interessante: já em 1911 o ex-inspetor inglês Edmond G. Holmes visitou a Casa dei Bambini de Roma, e no ano seguinte elaborou um relatório final muito positivo, tornado público, assim como a tradução em inglês do livro *O método* chegou às livrarias do outro lado do Canal da Mancha. Posteriormente, muitos professores e educadores demonstraram um crescente interesse pelo montessorianismo, e artigos e ensaios analisando o método foram publicados na sequência. Também não faltaram admiradores pertencentes aos círculos religiosos: o reverendo Cecil Grant, por exemplo, diretor do Colégio São Jorge, que, com Holmes e outros, fundou uma Montessori Society em 1912. O método também foi bem recebido em alguns ambientes católicos, como o Convento das Irmãs da Assunção, em Londres, com o qual Anna Maria Maccheroni manteve relações constantes. Em 1913, o governo britânico enviou uma professora, Lily Hutchinson, com uma bolsa para visitar as Casas das Crianças de Roma, testemunhando o interesse também por parte de atores institucionais. Foram muitas as aplicações do método; as principais dificuldades encontradas

---

[88] GILSOUL, Martine. Un metodo adatto al temperamento belga? La diffusione del metodo Montessori nel primo dopoguerra nella regione francofona del Belgio. *In*: PIRONI, Tiziana (ed.). *Maria Montessori tra passato e presente*. La diffusione della sua pedagogia in Italia e all'estero. Milano: FrancoAngeli, 2023. p. 98-110.

pelas professoras inglesas diziam respeito à necessidade de novas formações e à produção de materiais. Houve também críticas feitas por estudiosos e divulgadores: a Sociedade Froebel atacou o método pelo pouco espaço deixado ao jogo; os seguidores de Herbart, ao contrário, queixavam-se da falta de educação formal. Embora tivesse sido fundada uma associação montessoriana, já em 1914 ocorreu a divisão de uma parte dela: em particular, alguns professores não eram favoráveis a uma aplicação ortodoxa e rigorosa do método, mas estavam mais propensos a comparar com outros métodos e a uma espécie de mistura entre eles, de modo que diferentes teorias e práticas se complementassem. Apesar dessas fraturas e da existência de um debate acalorado, Montessori sempre manteve o vínculo com a Inglaterra e realizou pessoalmente alguns cursos de formação em 1919, permanecendo lá até 1920, quando partiu para Amsterdã para proferir algumas conferências. Nos anos entre 1919 e 1923, muitos jornais dedicaram matérias ou reportagens ao método da pedagoga, e Montessori realizou inúmeras conferências[89]. As relações com este país, portanto, permaneceram intensas, a ponto de ser realizado em 1923 o décimo primeiro Curso Montessori de Formação Internacional, que obteve um considerável sucesso e a participação de educadores e professores de diversos países.

Nos mesmos anos, o método também teve difusão na Escócia, onde uma Montessori Society foi fundada em 1919, a tal ponto que uma anônima Irmã de Notre Dame, mais tarde identificada como a Irmã Teresa de São Bernardo Crokett, publicou em 1932 o livro *A Scottish Montessori School*, dedicado à descrição da escola em Dowanhill, perto de Glasgow. A religiosa havia recebido formação sobre o método graças aos cursos ministrados na Inglaterra por Montessori, atestando o papel fundamental que os cursos de formação desempenharam na divulgação do método[90]. A escola recebeu a

---

[89] WHITE, Jessie. The influence of Dr. Montessori's pedagogy in Great Britain and Ireland. *In*: AA. VV. *Atti del V Congresso Internazionale di Filosofia*. [*S. l.: s. n.*], 1925. p. 866-872.

[90] WILLIAMS, Maria Patricia. Contribution of 'A sister of Notre Dame' and the 'Nun of Calabar' to Montessori education in Scotland, Nigeria and beyond. *Rivista di Storia dell'Educazione*, 8, 2, p. 123-134, 2021. DOI 10.36253/rse-10344.

visita de Maria Fancello, professora montessoriana e colaboradora da pedagoga, que por sua vez havia fundado uma Casa dei Bambini em Nápoles: Fancello em seu relatório descreve em detalhes o uso dos materiais, a organização da documentação, o papel do adulto, expressando considerável apreço por essa escola. Por sua vez, a escola de Dowanhill desempenhou um papel interessante na promoção e divulgação do método: foi visitada por Gerald Dease, que então se mostrou favorável ao método na vizinha Irlanda. Neste último país, o método Montessori foi difundido graças aos escritos muito favoráveis do Prof. Edward Culerwell, do Trinity College de Dublin[91], que já em 1913 publicara uma monografia dedicada à nova proposta educacional. A aceitação da proposta montessoriana, no entanto, sofreu vicissitudes alternadas, ligadas a opiniões favoráveis e fortemente críticas expressas por personalidades institucionais. Em 1924, o jesuíta Timothy Corcoran, professor universitário e em estreito contato com Joseph O'Neill, secretário do Departamento Educacional, posicionou-se contra o método, atacando-o fortemente por meio de alguns artigos, particularmente no que diz respeito aos princípios fundamentais, aos elementos da autonomia da criança e à educação religiosa. Por outro lado, uma posição muito favorável ao método foi tomada pelo já mencionado Gerald Dease, que havia sido Comissário da Educação Nacional. Certamente, a oposição de O'Neill e Corcoran causou uma falta de reconhecimento do uso do método nas escolas irlandesas por alguns anos. A difusão parcial do método em alguns ambientes religiosos parece ser a base da exportação do montessorianismo até mesmo para a África: de fato, a Irmã Magdaleine, provavelmente em contato com a escola Montessori de Kensington, na Escócia, aberta pelas Irmãs da Assunção, e com a escola em Waterford, na Irlanda, aberta pelas Irmãs da Ação de Graças, partiu para o Sul da Nigéria, fundando a Saint Joseph School. O objetivo era formar professores locais que pudessem aplicar esse método adaptando-o também à realidade africana. A escola não foi aprovada por Montessori, mas continuou a funcionar e manter laços muito estreitos com a Escócia e a Irlanda, também

---

[91] CULVERWELL, Edward Parnell. *The Montessori principles and practices*. London: G. Bell & Sons, 1913.

devido à demanda de materiais; na verdade, foi a força motriz da qual surgiram outras escolas no Sul da Nigéria, que se inspiraram no método[92]. Nesse caso, fica evidente como os cursos de formação de professoras tiveram um papel interessante no desenho da geografia da difusão do método e como algumas personalidades individuais que entraram em uma densa rede de relações, nem sempre totalmente reconstruíveis, desempenharam um papel significativo e, muitas vezes, interpretaram o método dentro de um novo contexto.

Há, sem dúvida, outros exemplos que mostram como os cursos de formação, as visitas às Casas das Crianças e, provavelmente, também o uso de documentação fotográfica desempenharam um papel fundamental na disseminação do método em todo o mundo. É o caso da Austrália: nesse país, a educadora e pedagoga Lillian de Lissa já havia fundado, no início do século XX, alguns jardins de infância e instituições para a primeira infância, animada por ideais sociais, em Adelaide. Em 1913 fez uma viagem de estudos à Europa, indo a Roma para frequentar os cursos de formação de Montessori e visitar as instituições infantis europeias, a fim de preparar um relatório para o governo australiano. Em 1914, ela fez uma palestra perto de Cromer, na Inglaterra, na qual destacou os aspectos inovadores do método montessoriano, que aplicou nas escolas de Adelaide a partir de 1915 após seu retorno. Lillian de Lissa manteve contato constante com a Inglaterra e foi chamada para ocupar o cargo de diretora do Gipsy Hill Training College de Londres, dedicado à formação de professoras montessorianas[93].

Dos primeiros cursos de formação montessorianos também proveio Margaret Slingsby Newman, professora neozelandesa que fora a Roma em 1910 para participar dos primeiros cursos

---

[92] EJIKEME, Anene. From traders to teachers: a history of elite women in Onitsha, Nigeria, 1928-1940. *Journal of Asian and African Studies*, 46, 3, p. 221-236, 2011.
WILLIAMS, Maria Patricia. Contribution of 'A sister of Notre Dame' and the 'Nun of Calabar' to Montessori education in Scotland, Nigeria and beyond. *Rivista di Storia dell'Educazione*, 8, 2, p. 123-134, 2021. DOI 10.36253/rse-10344.

[93] WHITEHEAD, Kay; FEEZ, Susan. Transnational advocacy in education: Maria Montessori's connections with Australian women. *Annali di storia dell'Educazione e delle Istituzioni Scolastiche*, 25, p. 181-196, *2018.*

internacionais; o entusiasmo dessa professora foi acompanhado pelo interesse demonstrado por James Allen, o novo ministro da Educação, que visitou as Casas das Crianças de Roma, conheceu a pedagoga e incentivou a aceitação do método na Nova Zelândia, onde as primeiras Casas das Crianças tinham sido difundidas desde 1912. Nesse último caso, o método foi importado e adaptado a uma realidade muito distante da europeia e italiana, onde nasceu, mas não foi alvo de controvérsias relevantes, como em alguns países já mencionados anteriormente.

Uma aplicação do montessorianismo em contextos igualmente distantes foi a que se verificou nos países da América do Sul. Quanto ao Brasil, o método foi importado por Armanda Álvaro Alberto, educadora, pedagoga e ativista: já nas primeiras décadas do século XX, ela havia criado uma experiência educacional em Angra dos Reis chamada Escola Proletária, que depois foi fechada devido à necessidade de mudança. Posteriormente, em 1921, Armanda abriu uma escola proletária na Vila Meriti, no estado do Rio de Janeiro, em um contexto rural, tendo sido considerada pioneira quanto à oferta de serviços (biblioteca, cantina, com atenção também à saúde das crianças)[94]. A pedagoga pretendia melhorar as condições de vida das classes mais desfavorecidas e promover um melhor nível de educação entre aqueles que eram tradicionalmente excluídos da escola[95]. Ao mesmo tempo, destacou-se pelo engajamento pelos direitos das mulheres, ocupando também cargos importantes dentro de associações que nem sempre agradavam ao governo. Armanda estava muito interessada nas inovações propostas na Europa pelas Escolas Novas e pelo ativismo, e esse interesse levou-a a aplicar o método Montessori na sua escola: proporcionava, de fato, aulas práticas e ao ar livre, com a abolição das carteiras tradicionais, o uso de materiais naturais, uma disciplina baseada na autonomia da criança e não na imposição autoritária de regras. Infelizmente, devido ao

---

[94] ALBERTO, Armanda Álvaro. *A cultura popular na Escola Regional de Meriti*. Rio de Janeiro: [s. n.], 1932. Mimeo.

[95] DAMIRO DE MORAES, José. Armanda Álvaro Alberto: Escola nova e repressão política nos anos 1930. *Revista HISTEDBR On-Line*, Campinas, 53, p. 183-195, 2013.

envolvimento de Armanda em movimentos de esquerda e dentro de associações cristãs, a pedagoga sofreu censura e repressão política a partir da década de 1930. Nesse caso, fica claro que o método montessoriano foi importado e associado a um forte engajamento civil e social, a par da sensibilidade para as questões sociais que a própria Montessori havia demonstrado nos anos da fundação das primeiras Casas das Crianças italianas.

No entanto, a disseminação do método trilhou um caminho muito mais lento e complexo na vizinha Argentina, onde na realidade Montessori tinha ido em 1910 para o Primeiro Congresso de Mulheres de Buenos Aires, cujo tema eram as questões da educação das mulheres e do seu acesso ao voto. Como pedagoga e promotora do método, Montessori retornou à capital argentina em 1926, convidada pelo Instituto Argentino de Cultura Italiana e pelo Circolo Italiano, para dar algumas palestras em um curso que estava sendo oferecido na Escola Normal e na Universidade de La Plata. A proposta da médica era conhecida havia alguns anos: desde 1921, algumas revistas, entre elas *La obra*, publicavam artigos sobre as inovações do ativismo europeu e também sobre o montessorianismo. Alguns estudiosos também levantam a hipótese de uma possível relação, ainda que ocasional, entre a pedagoga italiana e Eva Perón, provavelmente interessada em alguns dos princípios do método. No entanto, a primeira escola formal Casa de Niños só foi inaugurada em 1966.

Uma questão mais complexa é a relativa à difusão do método, por outro lado, em contextos muito distantes da realidade europeia e com uma cultura muito diferente: nesses casos, a propagação do montessorianismo estava ligada à publicação de traduções e à possibilidade de experimentos locais que fossem capazes de combinar os princípios com os pilares da cultura local. Por exemplo, no Japão, a introdução do método ocorreu em 1912 graças à publicação de um artigo publicado na revista *Yorozutyoho*, que teve uma boa recepção de alguns pedagogos japoneses, apesar de algumas dificuldades inegáveis (a diferença considerável de língua, a compreensão difícil de alguns conceitos ou princípios devido à tradução). Em particular, o princípio da autonomia e da espontaneidade da criança foi aceito por alguns professores e educadores, embora com uma difusão muito heterogênea no território nacional. Por volta dos anos 1920, o método também foi alvo de críticas, em particular no que diz respeito a algumas fragilidades em relação à pedagogia deweyana e sua aplicabilidade em contextos diferentes do italiano. Da década de 1930 até depois da Segunda Guerra Mundial, a difusão sofreu uma grande estagnação; Montessori foi redescoberta após 1945 como resultado do processo de democratização e da tradução para o japonês de *O segredo da infância* em 1957, provocando também a oferta de cursos de formação para professores. Após a década de 1950 e até os dias atuais, a pedagogia japonesa abraçou o método, tentando conciliá-lo com alguns princípios fundadores do sistema educacional japonês: em particular, a importância do ambiente como fator educacional que estimula a independência e a curiosidade da criança coloca-se como um princípio que se coaduna com os pressupostos da pedagogia japonesa recente e do montessorianismo[96].

Caso semelhante é o da China, onde um primeiro documento sobre Montessori foi publicado em 1913 por Zhi Hou, um estudioso muito atento aos estímulos provenientes do exterior e tradutor de textos pedagógicos europeus: o artigo, que descrevia método, os ambientes e os materiais expressava estima e elogios. Entre 1913 e 1928, foram publicados mais de vinte outros artigos dedicados ao método, a maioria por estudiosos bilíngues que leram obras montessorianas em italiano, inglês ou japonês, e por um pequeno grupo de professores que haviam visitado as Casas das Crianças na Itália. Já nessa fase, surgiram muitas questões sobre se era possível ou não adaptar o método ao contexto e à cultura chinesa, com posições em parte céticas, particularmente no que diz respeito ao ensino da língua e à transmissão de valores. Outra questão que foi levantada e que despertou extremo ceticismo foi a relativa à possibilidade de poder utilizar materiais originais construídos e importados de muito longe. Nesses anos, o declínio do interesse pelo método estava provavelmente ligado também e sobretudo à divulgação das críticas feitas

---

[96] YONEZU, Mika. History of the reception of Montessori education in Japan. *Espacio, Tiempo y Educación*, 5, 2, p. 77-100, 2018. DOI 10.14516/ete.227.

por Kilpatrick nos Estados Unidos, as quais chegaram até mesmo ao Extremo Oriente, uma vez que alguns educadores chineses influentes haviam sido alunos de John Dewey na Universidade de Columbia e haviam entrado em contato com Kilpatrick, a quem se sentiam vinculados por certo grau de lealdade. Por essa razão, a difusão do método Montessori sofreu uma grande estagnação em 1920 e por cinquenta anos não foi adotado, até os anos 1970, quando, após a transição para uma economia de mercado parcial e, portanto, no contexto das consequentes mudanças sociais e culturais, ressurgiu uma considerável atenção à questão da educação da primeira infância, tendo-se verificado uma redescoberta do método. Na década de 1990, foram difundidos numerosos jardins de infância Montessori privados, e a popularidade do método aumentou, embora às vezes alguns questionamentos tenham permanecido, em nível acadêmico, sobre a "localização" do método (ou seja, sua adaptabilidade ao contexto chinês em termos de valores transmitidos e das formas de organizar a classe) e sobre a formação dos professores[97].

Atualmente, o método Montessori está espalhado por mais de 150 países ao redor do mundo, embora não seja fácil recensear as escolas montessorianas, uma vez que muitas instituições se autodenominam "montessorianas", e atualmente não há nenhum vínculo legal que proteja essa marca[98]. Além disso, como vimos, em alguns países a difusão do método foi implementada realizando-se processos de adaptação e de diálogo com outras abordagens, provocados por elementos específicos do contexto social e cultural. Certamente, continuam sendo fundamentais no processo de adoção do método os cursos de formação que capacitaram no passado e podem agora capacitar professoras preparadas e fomentar redes de relações frutíferas entre elas.

---

[97] CHEN, Amber; GUO, Shu Lin. The spread of Montessori education in Mainland China. *Journal of Montessori Research & Education*, 3, p. 1-8, 2021. DOI 10.16993/jmre.17.

[98] LILLARD, Angeline S.; McHUGH, Virginia. Authentic Montessori: the Dottoressa's view at the end of her life part I. *The Environment*: Journal of Montessori Research, 5, 1, p. 1-18, 2019. DOI 10.17161/jomr.v5i1.7716.

Após a Primeira Guerra Mundial

A Europa saiu prostrada da Primeira Guerra Mundial e atravessou um período muito difícil com a propagação da epidemia de gripe espanhola, uma gripe particularmente contagiosa e virulenta que fez mais vítimas do que a guerra e interrompeu vidas muito jovens: entre 1918 e 1920, a gripe espanhola infectou quinhentos milhões de pessoas em todo o mundo e matou cem milhões. Apesar disso, houve uma vontade renovada de viver, e o movimento Montessori também passou por um período de expansão e de sucesso. Até mesmo a vida da pedagoga foi literalmente dominada por uma atividade considerável. Naqueles anos, ela foi chamada a realizar inúmeros cursos nas principais cidades europeias, Londres, Paris, Budapeste, Viena, Berlim, Durham e Amsterdã, e por isso se viu envolvida em uma peregrinação incessante; após 1926, foi para a América do Sul: na Argentina o método já era conhecido graças ao interesse que despertara desde o início e aos laços muito intensos entre o país e a Itália, devido à presença de numerosos imigrantes italianos, mesmo que não estivesse generalizado. No Brasil, como vimos, o método havia sido adotado por Armanda Álvaro Alberto, já engajada na luta contra o analfabetismo e pelos direitos da infância. O montessorianismo também foi se espalhando pelos outros continentes, graças ao trabalho de professores e pensadores apaixonados e financiadores entusiasmados, que fundaram inúmeras Casas das Crianças, em alguns casos até reunindo perspectivas interessantes. Foram anos de considerável efervescência no movimento e de fundação de numerosas sociedades montessorianas. Em 1929 foi fundada a Associação Montessoriana Internacional (AMI), com sede na Espanha desde 1934 e depois em Amsterdã. Entre uma viagem e outra, Montessori retornou a Roma, onde iniciara a experimentação de uma escola primária patrocinada por sua amiga Maria Maraini Gonzaga, ou a Barcelona, onde os filhos de Mario a esperavam. Em suas muitas viagens, foi acompanhada por seu filho, Mario, que atuava como intérprete, mas também passou a cuidar da organização de uma densa rede de relações entre as diversas escolas e associações montessorianas no mundo e a elaborar com ela algumas novas propostas importantes para a escola primária.

Na década de 1920, na Itália, quando o fascismo se afirmou, a escola italiana era essencialmente tradicional, com uma abordagem baseada na centralidade do adulto. Não faltaram experiências inovadoras, como a escola Salvoni em Milão, a Rinnovata Pizzigoni, as escolas das irmãs Agazzi, todas tendo em comum a atenção à autonomia da criança, uma concepção de ensino como guia e a importância das atividades ao ar livre. No entanto, foram experimentos isolados, que não conseguiram penetrar na maioria das escolas públicas italianas. O mesmo destino parecia ter o método Montessori: enquanto no exterior atraíra muito interesse, entusiasmo e debate, na Itália ele permanecia recebendo uma atenção bastante limitada. As escolas montessorianas foram atingidas, infelizmente, por dificuldades econômicas: no prefácic à *Autoeducação*, a autora explicou aos leitores como era complexo e financeiramente exigente abrir uma escola, que exigia cursos de formação para o pessoal, instalações adequadas, materiais construídos *ad hoc* e não imediatamente disponíveis. Devemos lembrar que naquela época, por outro lado, as escolas tradicionais não precisavam de materiais específicos e, em muitos casos, as salas de aula eram reaproveitadas e pouco aparelhadas. Mussolini inicialmente pareceu interessado no método, provavelmente também impressionado com o sucesso internacional, já que havia granjeado prestígio manifesto. A presença de Montessori na Itália nesse período não foi contínua, porque ela esteve muitas vezes no exterior, sobretudo em Barcelona, agora uma espécie de lar adotivo. Em 1924 foi fundada a Opera Nazionale Montessori, uma organização sem fins lucrativos que herdou a Sociedade dos Amigos do Método, graças a alguns fundos de doações privadas e também de alguns fundos governamentais. A intenção era criar cursos de formação, e de fato em 1926 foi realizado o primeiro curso nacional. Na realidade, a relação com o regime era tudo menos idílica. Se lermos as cartas de Mario a Mussolini, encontramos queixas consideráveis acerca de que, além da adesão formal, o governo não havia instituído fundos adequados e não apoiara a difusão do método.

Somam-se a essa situação as duras críticas que, em 1923, Giuseppe Lombardo Radice, diretor-geral do ensino primário, fez a respeito do modelo montessoriano, que ele antes apreciara, contrapondo-o com o método das irmãs Agazzi, definido como o verdadeiro modelo italiano. Embora o ministério apoiasse a fundação da real Scuola Magistrale em Roma, a distância em relação ao regime tornou-se cada vez mais profunda, até que, após os cursos internacionais de Roma em 1930 e 1931, em 1934 as escolas montessorianas foram fechadas. Apenas poucas permaneceram abertas em situação semiclandestina.

Nesses mesmos anos, Maria dava-se conta de que a Europa estava sendo atravessada por ventos de violência e de ódio: perguntava-se como era possível existir este processo assustador e repetia que só o método educativo com que os adultos se dirigem às crianças pode constituir um baluarte contra a violência. No passado, ela já havia enfatizado que as instituições para crianças e a escola são as primeiras peças de uma regeneração moral de toda a sociedade e que o destino econômico, político e social das nações dependia de sua capacidade de implementar sistemas educacionais e escolares eficazes, capazes de formar cidadãos prontos para cooperar dentro da comunidade. A tarefa da educação era, em sua opinião, formar pessoas autônomas, independentes, mas também profundamente conscientes de seu papel no cosmos e na comunidade humana, portadoras de paz e respeito. Em março de 1932 ela foi convidada a palestrar na Liga das Nações em Genebra (o primeiro organismo internacional que desde 1920 visava à paz entre os povos): sua conferência foi intitulada "Educação e paz", e Montessori falou com vigor e paixão, enfatizando que a única maneira de criar a paz e derrotar a guerra é educar de modo novo as crianças, cidadãos do futuro, fazendo-as experimentar o respeito, a não violência e a escuta desde a mais tenra idade. Um discurso que ela conseguiu repetir em 1936, em Bruxelas, e em 1937, em Copenhague. O tema da paz certamente não era novo em seu pensamento e sensibilidade, pois estava intimamente ligado ao da justiça social, que havia embasado suas primeiras experiências. Para Montessori, a paz não era simplesmente a cessação da guerra ou a ausência de conflitos, mas estava inextricavelmente entrelaçada com o tema do respeito à criança e dos direitos das crianças. A paz, portanto, parte do cotidiano, da educação de todos os dias para o respeito e a responsabilidade, da capacidade de escuta e empatia: somente por esse caminho é possível criar uma sociedade futura não violenta, segundo Montessori.

As novas obras

Montessori mudara-se em 1934 com toda a família, composta pelo filho, a nora e os quatro netos (Ronaldo e Renilde tinham nascido nesse meio-tempo), para uma casa em Barcelona, tendo sido precedida por uma das suas alunas mais afeiçoadas, Maria Antonietta Paolini, que abrira uma Casa dei Bambini numa parte da casa; na tranquilidade e intimidade desse lugar sereno, a pedagoga pôde cuidar da tradução e redação de inúmeras obras; nesses anos, os livros que escreveu não foram publicados na Itália, mas em outros países europeus: em 1923, a primeira edição de *A criança em família* havia sido publicada na atual Áustria; em 1934, *O segredo da infância* foi publicado na França; em 1936, em Barcelona, foram publicados *Psicogeometria* e *Psicoaritmética*. Esses livros constituíam uma espécie de sistematização e expansão do pensamento montessoriano. Em *A criança em família*, publicado primeiro em Viena e depois traduzido para o italiano em 1936, com uma edição semiclandestina, em razão da aversão do regime fascista às obras montessorianas, a pedagoga elaborou os textos de uma série de conferências realizadas em Bruxelas e ofereceu elementos de reflexão muito interessantes para criar um ambiente doméstico e escolar atento às necessidades da criança e propício ao desenvolvimento de suas potencialidades. Montessori indicou claramente como criar uma criança livre para expressar sua criatividade e temperamento de forma construtiva, dentro de casa, bem como na escola e nas instituições educacionais.

O segredo da infância, por sua vez, foi uma espécie de reconstrução da trajetória de Montessori e de esclarecimento de alguns conceitos fundamentais, também por meio da narração de exemplos e episódios. O livro deixava a questão social muito clara:

Não há lugar para a infância nas casas apertadas da cidade moderna, onde as famílias se acumulam. Não há lugar para ela nas ruas, porque os veículos se multiplicam e as calçadas estão cheias de gente com pressa.[99]

Montessori enfatizou que os adultos têm pressa e que os espaços e tempos não são projetados para as crianças, nem mesmo nas casas mais sofisticadas, onde o luxo não era, em nenhum caso, uma expressão de atenção real às necessidades da infância. Ela então descreveu suas primeiras experiências em Roma, delineando seu próprio espanto, seu desejo de descobrir as reais potencialidades infantis:

> Comecei meu trabalho como um camponês que tinha uma boa semente e a quem havia sido oferecido um campo de terra fértil para semear livremente. Mas não foi o caso; assim que movi os torrões daquela terra, encontrei ouro em vez de grão; os torrões escondiam um tesouro precioso. Eu não era o camponês que eu pensava ser: eu era como Aladdin, que tinha em suas mãos, sem saber, uma chave capaz de abrir tesouros escondidos.[100]

Muitos anos depois, Montessori contou, seguindo antigas anotações, como havia definido o método que seria experimentado na primeira Casa dei Bambini, na Via dei Marsi, em Roma. Lembrava com acenos nostálgicos as cinquenta "crianças paupérrimas, rudes e tímidas na aparência", e a proposta de um ambiente e materiais que facilitassem a exploração e a descoberta autônomas pelos pequenos: justamente naqueles anos, consolidara-se nela a ideia de que a criança é um ser dotado de recursos preciosos, ativo, pronto para realizar seu potencial, se o adulto não a reprimir. No texto, ela também se debruçou sobre o tema da relação entre o adulto e a criança, como uma relação muitas vezes marcada pela falta de diálogo, a desatenção, a imposição de regras não compartilhadas e falsas interpretações por parte do adulto:

---

[99] MONTESSORI, Maria. *Il segreto dell'infanzia*. Milano: Garzanti, 1999. p. X.
[100] *Ibidem*, p. 151.

> É preciso, portanto, buscar a causa de toda
> manifestação infantil que chamamos de caprichosa,
> justamente porque essa causa nos escapa, ao passo
> que pode se tornar para nós um guia para penetrar
> nos misteriosos recessos da alma infantil.[101]

A pedagoga enfatizou que o que para os adultos é um capricho nada mais é do que a manifestação de uma força intensa e reprimida na criança. A tarefa do adulto deve ser ouvir e observar, a fim de poder libertar essa força criando as condições relacionais e ambientais adequadas, pois só a liberdade gera responsabilidade. No livro também emergia a sensibilidade montessoriana em relação ao tema da educação para a cidadania e a paz, com vistas à fraternidade que deve unir todos os seres vivos:

> As barreiras nacionais não são feitas para separar
> um grupo único e uniforme e torná-lo livre e pro-
> tegido dos perigos [...]. Porque, se a civilização se dá
> através da troca? As barreiras talvez sejam também
> para as nações um fenômeno psíquico, resultante
> de um grande sofrimento, de uma grande violência
> sofrida? A dor se organizara: era tão grande, que
> barreiras cada vez mais duras e espessas encolheram
> a vida das nações.[102]

Em seu livro, a médica falou de muitas "barreiras", ou seja, obstáculos que não permitem que a criança traga à tona seus próprios recursos: podem ser barreiras psíquicas (medos, bloqueios), mas também barreiras físicas (um ambiente inadequado); podem também ser em nível social ou nacional. Mas, mesmo quando os povos se isolam e constroem barreiras evitando a troca, que é uma fonte de vida e crescimento, eles obstaculizam a civilização. Essas reflexões mostraram como Montessori desejava a convivência pacífica entre os povos e a colaboração entre todas as nações, sentindo-se "cidadã do mundo".

---

[101] *Ibidem*, p. 56.
[102] *Ibidem*, p. 222.

A fuga da Espanha

Em 1936, a Espanha foi assolada pela guerra civil: Montessori já tinha mais de sessenta anos, mas viajou para Oxford, a bordo de um navio militar, para uma conferência, e inicialmente planejava se mudar para Londres. Tendo sentido, no entanto, que não era bem-vinda, decidiu retirar-se para a Holanda, com toda a família: Mario, sua esposa e filhos. Os Montessori contavam com a amizade e o apoio do casal Pierson e de sua filha Ada, a qual havia frequentado as aulas de Maria anos antes. Também nesse caso, eles foram morar com Maria Antonieta Paolini, em uma linda casa em Laren, dentro da qual há uma pequena Casa dei Bambini. Os Montessori eram, de fato, refugiados, mas a pedagoga não perdeu o entusiasmo e a vitalidade habituais. Nas cartas enviadas à amiga e apoiadora Maria Maraini Gonzaga, ela relata, não sem certo espanto, a sua estada em um lugar que a obrigava a novos ritmos e novos climas: descreveu sua pequena casa inteiramente cercada de neve em dezembro, seu filho, Mario, e o neto brincando com legumes congelados, as estalactites d'água penduradas nas torneiras, todos fenômenos que ela, italiana, nunca havia presenciado e que a enchiam de curiosidade e vontade de explorar e experimentar, como sempre. Falou das danças no gelo, da longa patinação de crianças e adolescentes, dos passeios de bicicleta do neto na neve, dos passeios de trenó com os alunos. Eram todas paisagens inusitadas para ela, com o típico silêncio da neve que atenuava os ruídos, em um ambiente abafado e também alegre com os preparativos para o Natal.

Laren era uma escola pequena e bem cuidada: organizada em dois níveis, recebia crianças pequenas e em idade para o primário. Tinha um jardim com uma horta, com alguns animais, plantas e uma oficina. Logo depois, Montessori também conseguiu abrir na mesma escola um centro para a preparação de professores. No relato de Maria Antonietta Paolini, a experiência de Laren foi viva c intensa: a observação e os experimentos com as crianças também permitiram que Maria desenvolvesse materiais escolares, como símbolos para as partes gramaticais do discurso, o planisfério montável de 1936 a 1939. Em Laren ela recebeu a visita do presidente da Sociedade Indiana de Teosofia, George Sidney Arundale, e sua esposa, Rukmini Devi, dançarina experiente e fundadora da Kalakshetra, uma academia de dança: eles expressaram sua admiração e seu desejo de difundir o método na Índia, convidando-a a ir a esse país em breve. Anos mais tarde, Rukmini, recordando esse encontro, contará em um discurso que tinha um forte desejo de conhecer Montessori e que ficou impressionada com sua simplicidade e o clima de afeto imediato e de profundo entendimento mútuo e instantâneo que se estabeleceu entre eles. Rukmini Devi era uma mulher muito bonita, que nas fotografias da época aparecia sempre no elegante sári, muitas vezes com colares de flores, com olhos muito negros alongados pelo rímel escuro, as mãos afiladas, os gestos precisos de quem tinha estudado dança com paixão. Havia-se dedicado à recuperação da antiga dança tradicional indiana, aprendendo seus gestos e combinando-a com o estudo de textos em sânscrito e de esculturas: reconstruiu os trajes tradicionais e encenou alguns espetáculos, inicialmente encontrando dificuldades e críticas, mas depois conseguindo reviver essa importante tradição cultural. Havia fundado assim um verdadeiro campus, Kalakshetra, onde se aprendia a dança tradicional, estudavam-se textos sagrados, a atuação e o canto, e podia-se usufruir de uma biblioteca e de um teatro. Foi aí, em Kalakshetra, que a primeira escola Montessori na Índia foi aberta[103].

A experiência na Índia

Em setembro de 1939, quando Hitler invadiu a Polônia, desencadeando a Segunda Guerra Mundial, Montessori e seu filho, Mario, ficaram tremendamente angustiados com a situação, mas decidiram partir para a Índia em outubro de 1939. Os quatro filhos de Mario, que já haviam estado com sua fiel colaboradora Maria Antonietta Paolini, permaneceram em Laren. A viagem, que durou cinco dias,

---

[103] MORETTI, Erica. Montessori e Rukmini Devi, un incontro tra teosofia e pedagogia. In: TODARO, Letterio (ed.). *La costruzione dell'uomo interiore*. Sguardi sulla pedagogia Montessori. Santarcangelo di Romagna: Maggioli Editore, 2022. p. 83-104.

foi realizada em várias etapas: Atenas, Alexandria, Bagdá e outras cidades do Oriente até Adjar, perto de Madras. Maria escreveu cartas à amiga Maria Maraini contando-lhe que havia atravessado desertos, mares, lugares selvagens quase desabitados e reinos de animais selvagens. Ela encarou a viagem com coragem e curiosidade, apesar de já não ser jovem e de o percurso exigir que passasse, no espaço de poucos dias, do clima rigoroso da Holanda ao clima seco, árido e tórrido do Sul da Índia, das plantações congeladas pela neve às florestas de bananas e palmeiras. A chegada de Maria era aguardada com alegria e esperança, num país onde as Casas das Crianças já tinham se espalhado na década de 1920[104]. Algumas personalidades ilustres, até mesmo, confiaram em sua paixão e vigor para melhorar o destino da educação na Índia e iniciar um diálogo intenso e profundo entre culturas: o poeta e ganhador do Prêmio Nobel Rabindranath Tagore e Mahatma Gandhi já haviam expressado interesse por ela anos atrás e eram, por sua vez, admirados pela pedagoga. Em uma mensagem que Gandhi escreveu a ela, podemos ler:

> Você disse com razão que, se realmente queremos trazer paz substancial à terra, devemos começar pelas crianças. Porque, se crescerem em sua inocência natural, não teremos lutas, crises vãs e tolas, mas procederemos do amor ao amor, da paz à paz, até que o mundo inteiro seja permeado por aquele amor e paz pelos quais anseia consciente ou inconscientemente.[105]

Os dois, que muito provavelmente já haviam se encontrado em Londres por ocasião de algumas viagens, nas primeiras décadas do século XX, mantinham contato e tinham muitos ideais em comum: a preocupação com a difusão da educação em todas as classes sociais, a atenção aos direitos dos meninos e meninas, a não violência e o pacifismo. A chegada de Montessori à Índia foi, portanto, recebida

---

[104] JOOSTEN, Alberto. La diffusione del metodo Montessori in India e nei paesi vicini. *Vita dell'Infanzia*, 11-12, p. 54-60, 2012.

[105] Mensagem de Mahatma Gandhi a Maria, 1943, relatado em: AA.VV. *Maria Montessori*: educazione e pace. Torino: Il Leone Verde, 2016. p. 31.

por Gandhi com esperança e alegria. Quanto a Tagore, a pedagoga mencionara-o na edição de 1926 de *O método* e conhecia sua obra. Os dois conheceram-se pessoalmente em 1925 nos Estados Unidos e permaneceram em contato, sendo evidentes algumas semelhanças entre o pensamento montessoriano e o do poeta indiano, em especial no que diz respeito aos temas da íntima ligação entre humanidade e natureza, da importância da beleza da criação e das obras humanas e da necessidade de emancipação social.

Quando chegou à Índia, o objetivo da médica não era apenas difundir seu método, mas também espalhar uma mensagem de respeito e confiança nos recursos das crianças e no valor da paz. Quando entrou em contato com as populações locais, embora percebendo as distâncias, sentiu seu profundo e puro anseio pela espiritualidade: ela as via como animadas por emoções primitivas, não no sentido de selvagens, mas no sentido de emoções verdadeiramente autênticas e límpidas, não afetadas por um progresso muitas vezes violento. Ficou fascinada por uma terra tão rica em arte, cultura, história e espiritualidade. A Índia ainda estava sob domínio britânico, e movimentos de libertação estavam emergindo, especialmente sob a liderança de Gandhi. Montessori hospedou-se numa bela casa, em Adjar, sede da Sociedade Teosófica, com a qual esteve em contato por muitos anos compartilhando profundamente os ideais de respeito a todos os seres humanos, a busca espiritual, a fraternidade e a paz universal: aqui, imersa num parque luxuriante, suntuoso no entrelaçamento inextricável dos poderosos ramos de árvores centenárias, havia templos de todas as religiões, uma igreja cristã, uma mesquita, um templo de Zoroastro e um templo sique. A pedagoga realizava seus cursos em uma espécie de cabana grande com um telhado de folhas secas, cercada por educadores e professores que vinham de toda a Índia, entusiasmados com a possibilidade de ouvir sua voz, suave e firme, traduzida rapidamente por Mario, sempre ao seu lado, e muito apaixonados na produção dos materiais escolares. Os testemunhos das crianças, já adultas, que frequentaram a escola descrevem Mario como um homem fascinante, generoso, caloroso, com um profundo conhecimento de muitas disciplinas, muito ativo, um professor enérgico e com muita vitalidade. Montessori usava roupas indianas: gostava de usar um sári branco ou claro, algumas joias como um colar de pérolas, ou outras joias delicadas, em alguns casos um colar de flores. Ama o mar, a boa comida. Ficou intrigada e admirada com a paisagem luxuriante e opulenta, com as mães indianas, com seus gestos calmos, com as crianças alegres: neste momento, mais do que em outros, sentiu um interesse avassalador pelas primeiras fases da vida das crianças. Apesar de sua idade, ela realizou inúmeros cursos também em outras cidades, como Amedabade, Madras, Kodaikanal, Serinagar, cruzando climas e paisagens muito diferentes em um país multifacetado e atraente. Em Kodaikanal, ela permaneceu por algum tempo, em uma bela casa em uma colina, ao lado de um lago, em um bosque rico em vegetação e povoado por animais exóticos. Nessa atmosfera de profunda espiritualidade, Montessori teve a oportunidade de aprofundar em particular seu pensamento sobre a educação cósmica e a educação para a paz, núcleos temáticos já presentes em suas obras[106]; como escreve Raimondo:

> Ao explorar e estudar sua globalidade, a criança entra em contato com a complexidade do cosmos, caracterizada pelo entrelaçamento das leis naturais e das intervenções humanas, captando a essência de uma estrutura unitária, ordenada e harmoniosa. A criança pode, assim, desenvolver a capacidade de apreender as muitas interpretações presentes no mundo, sejam elas de independência ou de interdependência, valorizando assim a importância da colaboração em nível global, percebida de forma não abstrata, mas ao mesmo tempo tangível e espiritual.[107]

A educação torna-se, assim, uma oferta à criança da possibilidade de explorar o mundo também apreendendo a conexão íntima entre todos os seres vivos, a fraternidade entre todos os seres humanos, a solidariedade e a cooperação.

---

[106] RAIMONDO, Rossella. Origini, caratterizzazioni e sviluppi dell'educazione cosmica in Maria Montessori. *Rivista di Storia dell'Educazione*, 1, p. 69-79, 2019. DOI 10.4454/rse.v6i1.182.

[107] RAIMONDO, Rossella. L'esperienza di Mari Montessori in India fra pacifismo e spiritualità. *In*: PIRONI, Tiziana (ed.). *Maria Montessori tra passato e presente*. La diffusione della sua pedagogia in Italia e all'estero. Milano: FrancoAngeli, 2023. p. 111-125, p. 120.

A estada indiana também teve momentos difíceis, apesar da atmosfera calorosa de boas-vindas, ligados aos acontecimentos da guerra. Em maio de 1940, a Holanda foi invadida pelos nazistas e a pequena escola em Laren foi requisitada. Os filhos de Mario, que estavam lá, foram acolhidos por uma família amiga, os Pierson, que cuidaram deles amorosamente durante a guerra: Montessori só podia acompanhar esses eventos de longe. Nesse meio-tempo, a Itália entrou na guerra, e a médica com seu filho, Mario, como italianos, foram considerados inimigos da Inglaterra, à qual a Índia pertencia. A pedagoga foi detida em Adjar, enquanto seu filho, Mario, foi primeiramente colocado sob custódia, e em seguida, após protestos acalorados, foi libertado pelo vice-rei, por ocasião do septuagésimo aniversário de Montessori. Pela primeira vez, Mario foi apresentado publicamente como seu filho, embora muitos na Índia ainda pensem que ele era um sobrinho ou um filho adotivo.

Naqueles anos, Montessori desfrutou da profunda espiritualidade do lugar e encontrou fortes estímulos para aprofundar suas reflexões sobre a educação cósmica. Proferiu algumas palestras que mais tarde constituiriam o material para a escrita do livro *Como educar o potencial humano*; valendo-se dos estímulos vindos da cultura indiana e das reflexões que resultavam dos cursos de formação, buscou inspiração para os núcleos temáticos da obra *A mente absorvente*. Em 1944, as restrições aos italianos cessaram: Montessori decidiu visitar o Ceilão, como desejava havia muito tempo, e continuou a aprofundar suas reflexões e desenvolver novos materiais, com seu filho. *Como educar o potencial humano* foi publicado em inglês em 1947 e traduzido para o italiano alguns anos depois: a obra propunha reflexões da autora sobre a faixa etária de seis a doze anos, enfatizando algumas de suas especificidades, como a vitalidade cognitiva e a exploração do mundo moral, bem como a tendência de se organizar em grupos para realizar projetos e compartilhar interesses sociais e culturais. No texto, Montessori propôs um "programa de educação cósmica", que em sua opinião já havia apresentado parcialmente na Inglaterra em 1935 e que ela sistematizava, explicando à criança o "Plano Cósmico, a emocionante história da terra em que vivemos, de suas múltiplas transformações na lenta passagem dos tempos..."[108] Assim, o livro abordava alguns dos principais conteúdos do ensino e terminava com reflexões complexas sobre os problemas sociais de crianças e adultos. Resumia a necessidade de uma mudança profunda no papel do professor:

> O professor do passado costumava fazer inconscientemente um modelo de suas próprias virtudes. Era perfeito, ou seja, estava convencido de que sempre soube o que fazer ou não fazer. Tinha diante de si seres vazios que deviam ser preenchidos com noções e que deviam ser criados moralmente à sua própria imagem.[109]

A esse papel tradicional, a pedagoga opunha uma inversão:

> O professor, portanto, faz sua grande renúncia à força e à autoridade e imediatamente percebe que ganhou imensamente com sua perda. Ele adquire a paciência do cientista, uma paciência que é antes um interesse pelo que é observado.[110]

A mente da criança foi publicado em inglês em Madras em 1949, e depois traduzido para o italiano; o livro insistia enfaticamente no conceito de mente absorvente: "a criança tem uma mente capaz de absorver conhecimento e o poder de instruir a si mesma"[111]. Na continuação da argumentação, faziam-se presentes as habilidades médicas de Montessori, que partia, em seus argumentos, da vida embrionária para chegar a um grande interesse pela vida perinatal e pelos primeiros meses de vida da criança:

> O recém-nascido tem um período de vida que não é mais o do embrião físico, e não é semelhante ao apresentado pelo homem formado a partir dele. Este período pós-natal, que pode ser definido como o "período formativo", é um período de vida embrio-

---

[108] MONTESSORI, Maria. *Come educare il potenziale umano.* Milano: Garzanti, 2007. p. 10.

[109] *Ibidem*, p. 180.

[110] *Ibidem*, p. 181.

[111] MONTESSORI, Maria. *La mente del bambino.* Milano: Garzanti, 2018. p. 3.

> lógica construtiva que faz da criança um Embrião
> Espiritual.[112]

Desse ponto de vista, o recém-nascido é um verdadeiro construtor, em relação ao qual os pais são colaboradores. A tarefa da ciência e da sociedade é valorizar e proteger esses primeiros meses e anos, tarefa até agora desconsiderada: "o interesse pela proteção da vida psíquica como problema social não existe"[113]. Montessori lembrou que o século XX realizou enormes progressos na proteção da dimensão física da vida da criança, graças à descoberta de medicamentos e vacinas e à progressiva disseminação das normas de higiene, mas negligenciou o cuidado com a psique e o aprimoramento de seu potencial psíquico e emocional. Com base nessas considerações, a médica também passou a refletir sobre o tema da fraternidade e da paz. A única possibilidade de ter uma humanidade feliz, livre do flagelo da violência e da guerra, para Montessori, está na criança, na sua possibilidade de seguir uma direção diferente daquela que foi seguida por seus pais e professores. Como é evidente, a educação não deve, portanto, replicar o adulto na criança, reproduzir o mundo existente com suas limitações, mas deve ser uma oportunidade de transformação e libertação radical. Para que isso seja possível, escreve a pedagoga, é necessário, por um lado, um profundo sentimento de respeito pela criança e a consciência dos seus direitos, e, por outro, o olhar científico, que nos permita libertar a infância do peso das superstições, das crenças errôneas, das sugestões que aparentemente respeitam a infância e que, na realidade, a alienam. Quando não é obrigada a ficar parada em uma cadeira, faz-se que a criança viva em um mundo de brinquedos, fantasias, contos de fadas e imaginação. Acredita-se que este é o mundo próprio da criança. Nada poderia estar mais longe da verdade, para Montessori. A criança, quando não está em estado de alienação, não se perde em fantasias, mas concentra-se e trabalha de forma disciplinada e atenta. Para que esse aspecto da infância surja, é preciso oferecer à criança um ambiente adequado, que nada tenha

---

[112] *Ibidem*, p. 60.

[113] *Ibidem*, p. 10.

a ver com a violência estrutural das escolas tradicionais e que lhe dê a oportunidade de ter experiências criativas autônomas.

Essas reflexões, centrais nos livros que escreveu durante sua estada na Índia, também estiveram muito presentes nas inúmeras palestras e cursos que ministrou a professores e educadores de toda a Índia. No fim da guerra, Montessori e seu filho permaneceram naquele país por um ano, empenhados na divulgação do método e muito envolvidos na rede de contatos estabelecida no local, contatos que lhes permitiriam continuar a propagação do pensamento montessoriano e apoiar a formação: em 1947 foi fundado um centro de formação montessoriana em Kalashetra que preparava professores para crianças de dois a sete anos de idade e que também se caracterizava por um bom nível de experimentação, com especial atenção aos aspectos artísticos.

Os últimos anos

A partida da Índia, no verão de 1946, foi dolorosa, pois Montessori ficara fascinada por aquela cultura e construíra laços intensos: escreveu em suas cartas à amiga Maria Maraini Gonzaga que já se desacostumara com os vestidos, as capas, os chapéus e as luvas, e que já estava acostumada com as amplas roupas indianas, feitas de seda macia com cores claras ou brancas. Ao mesmo tempo, pensava na Europa e em rever os entes queridos que não encontrava havia anos, e por isso decidiu encarar a longa viagem em companhia de Mario. Primeiramente, foram à Holanda, para abraçar os quatro filhos de Mario: Marilena havia se casado nesse meio-tempo; Mario Jr., depois de colaborar com a resistência antinazista, iniciara sua formação como psicanalista; os dois pequenos, Ronaldo e Renilde, ainda eram adolescentes. Todos eram imensamente gratos à família Pierson, que cuidou das crianças com carinho e dedicação afetuosa durante a guerra. Em julho de 1947, Mario, que estava separado de sua esposa, Helen, havia algum tempo, casou-se com Ada Pierson, que permanecerá ao seu lado com doçura e sensibilidade nos anos seguintes. O retorno à Europa foi marcado pela alegria de poder voltar a abraçar seus entes queridos, mas deixou Montessori muito afetada pelas difíceis condições de reconstrução e muito cansada. Apesar da idade avançada, porém, foi novamente incansável nas viagens pelo continente, com vitalidade e apaixonada em seus discursos, curiosa e animada na composição de suas obras: a sua peregrinação naqueles anos chegou a inúmeras cidades. No Reino Unido, foi a Londres e Edimburgo, onde recebeu uma grande honraria; em Paris, foi agraciada com a Legião de Honra em 1948; em 1949 recebeu também o Prêmio Mundial da Fundação Pestalozzi, na Suíça, e a Ordem de Orange-Nassau, na Holanda. Em seguida, voltou para a Índia, acompanhada de Mario, Ada e a filha caçula deles, Renilde; voltou para Adjar, depois foi ao Sri Lanka, e por fim a Karachi, no Paquistão: as viagens foram desafiadoras para ela, devido à dificuldade de se locomover em hidroaviões e ônibus, mas a Índia era um lugar onde ela ficava tranquila e se sentia admirada e acolhida.

Montessori chegou à Itália já em 1947, a convite do governo, onde permaneceu por alguns meses, período em que discursou na Assembleia Constituinte. Nesse ínterim, já em 1946, a Opera Nazionale Montessori havia sido reconstituída e, em agosto de 1949, o VIII Congresso Montessori aconteceu na Itália, em Sanremo, tendo contado com a participação de inúmeras autoridades e personalidades, além do afluxo de centenas de congressistas de todo o mundo. Maria Maraini Gonzaga, amiga de longa data, também esteve presente. O congresso contou com uma mostra no jardim Handbury, com uma exposição de materiais e trabalhos de crianças e uma pequena sala de aula em exposição para os visitantes.

No mesmo ano, o reitor da Universidade para Estrangeiros de Perugia ofereceu-lhe uma cátedra e convidou-a para dar três palestras. A estudante Maria Antonietta Paolini já trabalhava em Perugia e uma sinergia favorável foi criada entre a Universidade para Estrangeiros, a Opera Nazionale Montessori e a AMI, que possibilitou projetar e implementar cursos de formação internacionais, frequentados por uma nova geração de professores e formadores que viriam a ser promotores da difusão do método na Itália e no mundo nas décadas seguintes[114]. Em 1949, Maria Antonietta Paolini organizou um Curso Internacional, do qual nasceu o Centro Internacional Montessori, e empenhou-se para adaptar o Jardim de Infância Santa Croce, ainda danificado pelos desalojados da guerra, em uma escola. No verão, o curso foi realizado no Palazzo Gallenga[115], enquanto na Escola de Santa Croce foi preparado um espaço com uma sacada para que os participantes do curso pudessem observar de cima as crianças e as professoras trabalhando, sem as perturbar.

Na Itália, após a Segunda Guerra Mundial, entraram em funcionamento vários centros, os quais desempenharam um papel fundamental na disseminação do método. Em Bérgamo, graças à complexa rede de relações internacionais e nacionais tecida pela condessa Myriam Agliardi Gallarati Scotti, foi fundado em 1961 o Centro Internacional de Estudos Montessorianos, dentro do qual atuaram em particular algumas das alunas da pedagoga, como Giuliana Sorge e Eleonora Honegger Caprotti com Camillo Grazzini, e foi implementado um currículo escolar baseado no método para crianças de três a quatorze anos[116].

Em outros casos, algumas alunas se destacaram pela capacidade de promover novas iniciativas, em concordância com a própria Montessori ou, de qualquer maneira, na esteira de seus ensinamentos. Adele Costa Gnocchi, por exemplo, que havia frequentado o primeiro curso de formação em 1909 na propriedade de Montesca do casal Franchetti, e em 1927, com a ajuda dos condes Taverna, abriu uma Casa dei Bambini, conhecida como *Scuoletta*, que nos anos 1930 se tornou uma escola primária multiclasse. Em 1948, a *Scuoletta* tornou-se um centro experimental para a primeira infância, aceitando

---

[114] PANA, Simona Mariana. Il Centro di Studi Pedagogici presso l'Università per Stranieri di Perugia. *In*: PIRONI, Tiziana (ed.). *Maria Montessori tra passato e presente. La diffusione della sua pedagogia in Italia e all'estero*. Milano: FrancoAngeli, 2023. p. 129-144.

[115] REGNI, Raniero. I quattro piani di sviluppo e il ritmo costruttivo della vita. La conferenza di Perugia del 10 luglio 1950. In: PIRONI, Tiziana (ed.). *Maria Montessori tra passato e presente. La diffusione della sua pedagogia in Italia e all'estero*. Milano: FrancoAngeli, 2023. p. 145-156.

[116] PERRONE, Emma. Il Centro Internazionale di Studi Montessoriani. Origine e sviluppo. *In*: PIRONI, Tiziana (ed.). *Maria Montessori tra passato e presente. La diffusione della sua pedagogia in Italia e all'estero*. Milano: FrancoAngeli, 2023. p. 157-173.

também crianças de quatorze meses a três anos. Ainda naqueles anos, Costa Gnocchi, com a aprovação de Montessori, fundou a Escola Assistência Infância com o método Montessori, com estágio no hospital San Camillo e no Orfanato de Roma: a escola aplicou os princípios do método auxiliando as mães e funcionários do hospital nos primeiros meses de vida da criança, com especial atenção à prática da observação e ao respeito aos ritmos dos recém-nascidos. Posteriormente, Costa Gnocchi fundou, após a morte da pedagoga, o Centro Nascimento Montessori, que aplicava e ainda aplica os princípios do método no delicado momento do parto e do puerpério.

Nesses anos, Montessori pediu ao filho para visitar novamente sua terra natal e foi para Ancona e Chiaravalle. Ela então retornou a Roma, para outras conferências, e depois a Amsterdã, na Holanda, em 1950, para uma conferência lotada, e na sequência recolheu-se por algumas semanas devido a uma operação oftalmológica que a deixou temporariamente privada da visão. Nos últimos cursos realizados em Roma e Perugia em 1950-51, ela esteve cercada por suas melhores alunas: Maria Antonietta Paolini, Anna Maria Maccheroni, Marchetti, e deu suas aulas em três meses muito densos. Nesse período, Maria Unterrichter Jervolino, professora e política, então presidente da Opera Montessori, propôs sua candidatura ao Prêmio Nobel da Paz, que também contou com o apoio de outros intelectuais e representantes do mundo diplomático. Uma candidatura que também foi bem-recebida pelos mais importantes jornais italianos: Giampiero Dore, jornalista e escritor católico, escreveu a esse respeito: "Montessori, mais do que uma pedagoga, é a cientista que promoveu uma ciência da paz, através de uma educação sem violência desde o nascimento"[117]. As palavras refletiam o reconhecimento do intenso trabalho de Montessori em favor da difusão da educação para a paz e a sua sensibilidade em relação às crianças e aos mais fracos. A nomeação para o prêmio contou com concorrentes conhecidos e importantes, incluindo a Cruz Vermelha e a Fundação Bernadotte. O prêmio foi concedido em 1949 ao fisiologista John

---

[117] Referido em: HONEGGER FRESCO, Grazia. *Maria Montessori*. Una storia attuale. Torino: Il Leone Verde, 2018. p. 163.

Boyd-Orr, primeiro diretor-geral da FAO. Montessori foi indicada novamente nos dois anos seguintes, mas o prêmio foi concedido a outras personalidades: em 1950 a Ralph Johnson Bunke, um político americano e funcionário da ONU; em 1951 a Léon Jouhaux, sindicalista francês, delegado na Liga das Nações. O conhecido jornalista Vittorio Gorresio escreveu no *Il Corriere della Sera*, um dos jornais mais famosos de circulação nacional:

> Ninguém ignora o mérito dessas personalidades e instituições. Isso não significa, no entanto, que tenham contribuído para a causa da paz: pelo contrário, pressupõem a existência da guerra. Montessori está em uma condição diferente porque "cria" a paz.

Naqueles últimos anos, Montessori, embora ocupada em viagens incansáveis, hospedou-se em uma bela casa à beira-mar na Holanda, no Noordwijk aan Zee, disponibilizada pelos Pierson, onde pôde se dedicar aos estudos e admirar o Mar do Norte muitas vezes da janela, talvez lembrando seu Mar Adriático, perto de sua terra natal. Em 6 de maio de 1952, ela planejava organizar uma viagem a Gana, para construir escolas nos vilarejos em dificuldade: enquanto conversava sobre o assunto com Mario, faleceu repentinamente acometida de uma hemorragia cerebral. No Cemitério do Verano, em Roma, ainda há uma lápide que a recorda como uma cientista que contribuiu "para o progresso espiritual da humanidade através da criança". Ela havia pedido para ser enterrada no lugar em que morresse, sentindo-se já uma cidadã do mundo. Seu túmulo está, portanto, em Noordwijk, onde há gravada uma frase que ela mesma havia escolhido: "Peço às queridas crianças, que tudo podem fazer, para se juntarem a mim na construção da paz nos homens e no mundo". O túmulo é decorado com uma fileira de madréporas e corais: Maria mencionou-os em um conto seu, para ilustrar o fato de que cada ser vivo tem uma função cósmica e que os seres humanos devem lutar pela paz e pelo respeito ao planeta, conscientes de que cada um de nós contribui para o mistério inexplicável e fascinante da vida universal.

POSFÁCIO

O método Montessori foi uma das matrizes pedagógicas mais importantes do movimento da Educação Nova e aquela que teve maior circulação transnacional. A sua relevância pedagógica deve-se, em boa medida, à inovação representada pela criação de materiais didáticos adequados às crianças que deram nova formatação à sala de aula. A preparação desse ambiente afeito à cultura infantil tinha como propósito desenvolver a autonomia das crianças conforme seus interesses. Os materiais montessorianos são autocorretivos, deslocando a centralidade da aprendizagem para o aluno. Dessa forma, o docente transforma-se em um facilitador da aprendizagem, que deve observar muito, como um cientista, e orientar as atividades das crianças. De outra parte, logo após o estabelecimento da Casa dei Bambini, em Roma, em 1907, o método Montessori disseminou-se pela Itália e atravessou as fronteiras nacionais. Contudo, circulou em contextos específicos, tendo sido recebido com entusiasmo por muitos mediadores pedagógicos, mas ressignificado e criticado por outros.

Essas duas dimensões do método Montessori estão, engenhosamente, entranhadas na presente biografia da sua autora — Maria Montessori. Munida de um conhecimento multidisciplinar adquirido nos campos da Medicina, da Antropologia e da Pedagogia e com uma sensibilidade excepcional, passou a problematizar a educação "tradicional" porque ela inibia a aprendizagem da criança. Para tanto, buscou reler obras dos autores da tradição da Educação Nova, cujo ponto de partida foi *Emílio* de Rousseau, que teve desdobramentos em experiências e ideias de Pestalozzi e de Froebel. Apropriou-se também de reflexões de Itard e Séguin, médicos franceses que realizaram um trabalho educativo pioneiro com crianças com deficiências. A partir da experiência fundadora da Casa dei Bambini, Montessori foi enriquecendo e adensando as suas ideias pedagógicas e os seus ensaios na educação de crianças à luz de acenos positivos, bem como de críticas e de sugestões. Contudo, sustentou o núcleo pedagógico do seu método, que comungava com várias premissas do movimento da Educação Nova, mas tinha uma singularidade inconfundível.

Se a tessitura do método Montessori está explorada a contento nesta biografia, a sua circulação transnacional está trabalhada de forma consistente e detalhada. Além de constatar a expansão dessa proposta pedagógica em cidades e vilas italianas com base em uma rede de relações nacionais, Gabriella Seveso envida esforços no sentido de compreender os diferentes percursos do método Montessori em outros países. Trata-se de um empreendimento historiográfico desafiador, porque a circulação da proposta pedagógica montessoriana espraiou-se em muitos países, o que envolve um trabalho empírico extraordinário com bibliografia e fontes em várias línguas e o enfrentamento dos processos de apropriação, que são atravessados por usos específicos, ressignificações e refutações. No caso do método Montessori, as estratégias de disseminação além das fronteiras italianas foram diversificadas, sendo formadas pela tradução de livros, artigos e resenhas em línguas estrangeiras, a realização de congressos e a criação de associações, bem como pela mobilidade de educadores para conhecer a experiência das Case dei Bambini italianas e, sobretudo, pelas visitas e estadas de Maria Montessori em diferentes países.

É importante dizer que, ao se tornar uma intelectual pública, a partir dos últimos anos do século XIX, Maria Montessori teceu uma rede de sociabilidade formada especialmente por mulheres da burguesia e da aristocracia, incluindo a rainha Margarida, admiradoras de seu trabalho social. Algumas dessas mulheres também contribuíram para fazer circular as ideias montessorianas fora das fronteiras italianas, como foi o caso da baronesa Alice Franchetti, que, além de apoiar financeiramente o projeto de Montessori, publicou artigos em inglês sobre o novo método de educação infantil. Assim, vários educadores norte-americanos visitaram a Casa dei Bambini de Roma, de modo que o método Montessori foi difundido muito rapidamente nos EUA. Para a sua circulação transnacional, o ano de 1913 foi emblemático, porquanto iniciou com a realização do primeiro Curso Internacional Montessori e terminou com a viagem triunfal de Montessori aos EUA. A primeira edição desse curso contou com participantes de vários países europeus, da Índia, da Austrália e, principalmente, dos EUA, tendo sido sediada na Casa dei Bambini de Roma, inaugurando a tradição de cursos internacionais itinerantes. A pedagoga italiana voltou outras vezes aos EUA, onde foi muito bem recebida, mas também criticada.

Na Espanha, na Holanda e na Índia, a circulação e o enraizamento do método Montessori contaram com estadas da sua autora motivadas pelas duas guerras mundiais e pela Guerra Civil Espanhola. Nesses países, Montessori também se apropriou das culturas para esmerilhar as suas ideias pedagógicas, e de modo mais enfático na Índia, onde aperfeiçoou as suas concepções de educação cósmica e de educação para a paz. A maior parte dos países que receberam e usaram a sua proposta pedagógica pertencia ao mundo ocidental, mas, entre os países asiáticos, deve-se registrar o Japão e a China. Na América do Sul, a presente biografia cita a penetração de ideias pedagógicas montessorianas e da visita de Montessori à Argentina em 1926, respondendo a convites do Instituto Argentino de Cultura Italiana e do Círculo Italiano. E, em relação ao Brasil, explora muito bem o uso que fez Armanda Álvaro Alberto das ideias pedagógicas montessorianas na Escola Regional de Meriti, localizada em um bairro rural socialmente vulnerável do Rio de Janeiro. *Mutatis mutandis*, essa iniciativa pioneira em nosso país se assemelhava à experiência fundadora da Casa dei Bambini no bairro romano de San Lorenzo.

A circulação e a apropriação do método Montessori em instituições de educação de crianças em vários países são instigantes porque revelam como as ideias e experiências pedagógicas foram usadas em contextos específicos. Assim, a presente biografia apresenta alguns indícios de aceitação, de ressignificação e de críticas à proposta pedagógica montessoriana. No circuito católico, constata-se que congregações religiosas mais inovadoras adotaram o método Montessori nas suas instituições escolares e, em alguns casos, ajudaram na sua expansão, já que, da Irlanda, freiras levaram essa proposta pedagógica para a Nigéria. Contudo, neste país, um sacerdote jesuíta criticou o método Montessori nas suas premissas fundamentais, na questão da autonomia da criança e até no tocante à educação religiosa. Uma postura bem diferente da do jesuíta francês Pierre Faure, que, ancorado nas ideias montessorianas, produziu a pedagogia personalizada e comunitária, que chegaria ao Brasil na década de 1950. Nos EUA, o método Montessori foi alvo da crítica acadêmica de William Kilpatrick, que, na constelação escolanovista, considerou a proposta pedagógica de John Dewey mais rigorosa e eficaz; e de uma ressignificação de Helen Parkhurst, que esteve muito próxima de Montessori, mas, posteriormente, criou o seu próprio método — o Plano Dalton. Nesse sentido, para garantir a ortodoxia do método em todo o mundo, foi criada, em 1929, a Associação Montessori Internacional (AMI).

Ademais, o trabalho biográfico de Gabriella Seveso dá visibilidade à militância feminista de Maria Montessori, uma faceta pouco conhecida de sua vida pública. Aliás, o fato inicial do livro é a participação de Montessori, como representante italiana, no Congresso Internacional das Mulheres, realizado em Berlim, em setembro de 1896 — alguns meses após a sua formatura no curso de Medicina. Ela fez outras intervenções em favor dos direitos políticos e sociais das mulheres, sendo uma das mais relevantes a conferência intitulada "A nova mulher: sobre o papel do emancipacionismo feminino", proferida em Milão, em 1899. No Congresso Internacional das Mulheres de Roma, ocorrido em 1908, Montessori presidiu a sessão de higiene, mais vinculada a questões educacionais porque ela já tinha estabelecido a Casa dei Bambini, e tinha deslocado o seu interesse social em favor da educação de crianças. No entanto, é importante atentar para a firme e generosa defesa dos direitos das mulheres feita por Montessori, desafiando o desequilíbrio de gênero da sua época.

A presente biografia coloca em relevo contribuições de Maria Montessori construídas ao longo de sua vida. Em primeiro lugar, a construção de uma imagem da infância para a qual foram produzidos materiais que compunham um ambiente propício à autoeducação. Em segundo lugar, o investimento da educação para a paz, que envolve a convivência tolerante e respeitosa entre as pessoas e o meio ambiente. Por fim, a luta pelos direitos políticos e sociais das mulheres. Esses contributos têm ressonância no desafio atual de tornar o mundo um lugar melhor e socialmente mais justo para todos e todas.

Norberto Dallabrida

Professor do Centro de Educação a Distância da Universidade do Estado de Santa Catarina (Udesc)

REFERÊNCIAS

ALBERTO, Armanda Álvaro. *A cultura popular na Escola Regional de Meriti*. Rio de Janeiro: *[S.l.: s. n.]*, 1932.

ASSOCIATION MONTESSORI INTERNATIONALE. *2021 Annual report*. https://montessori-ami.org/news/2021-annual-report. Acesso em: 14 marzo 2024.

BABINI, Valeria; LAMA, Luisa. *Una «Donna nuova»*. Il femminismo scientifico di Maria Montessori. Milano: FrancoAngeli, 2000.

BALDACCI, Massimo; FRABBONI, Franco; ZABALZA, Miguel (ed.). *Maria Montessori e la scuola d'infanzia a nuovo indirizzo*. Bergamo: Zeroseiup, 2015.

BAUMANN, Harold. *Hundert Jahre Montessori-Pädagogik*. 1907-2007. Eine Chronik der Montessori-Pädagogik in der Schweiz, Bern, Haupt Verlag, 2008.

BOSCHETTI-ALBERTI, Maria. *Il diario di Muzzano*. Brescia: La Scuola, 1971.

BOVET, Pierre. Nos amis. Mlle Maria Montessori. *L'Intermédiaire des Éducateurs*. Genève, n. 3, p. 33-35, 1912.

BOVET, Pierre. Preface. *In*: MONTESSORI, Maria. *Les Case dei Bambini*. La méthode de la pédagogie scientifique à l'éducation des tout petits. Neuchatel; Paris: Delachaux & Niestle Editeurs; Librairie Fischbacher, 1912. p. V-XIII.

CHEN, Amber; GUO, Shu Lin. The spread of Montessori education in Mainland China. *Journal of Montessori Research & Education*, Stockholm, 3, p. 1-8, 2021. DOI 10.16993/jmre.17.

CIVES, Giacomo. *L'«Educazione dilatatrice» di Maria Montessori*. Roma: Anicia, 2008.

CIVES, Giacomo. Montessori in India. *Studi sulla Formazione*, 1, p. 95-98, 2010.

CLAPAREDE, Edouard. Les innovations les plus importantes du domaine de la pédagogie depuis le début du siècle. *Jahrbuch der Schweizerischen Gesellschaft für Schulgesundheitspflege*, Zürig, 15, p. 254, 1914.

COHEN, Sol. The Montessori movement in England, 1911-1952. *History of Education*, Oxford, 3, 1, p. 51-67, 1974. DOI 10.1080/0046760740030104.

COLOM, Antoni J. Las primeras aplicaciones del método Montessori en Mallorca. *In*: LASPLANAS PÉREZ, José. *Historia y teoría de la educación*. Pamplona: Eunsa, 1999. p. 129-138.

COLOMBO, Claudio; BERETTA DRAGONI, Marina. *Maria Montessori e il sodalizio con l'Umanitaria*. Milano: Raccolto, 2008.

COMAS, Francesca; BERNAT SUREDA, García. The photography and propaganda of the Maria Montessori method in Spain (1911–1931). *Paedagogica Historica*, 48, 4, p. 571-587, 2012.

COOKE, Colman. *Mary Charles Walker*: the nun of Calabar. Dublin: Four Courts Press, 1980.

CULVERWELL, Edward Parnell. *The Montessori principles and practices*. London: G. Bell & Sons, 1913.

CUNNINGHAM, Peter. The Montessori phenomenon: gender and internationalism in early twentieth-century innovation. *In*: HILTON, Mary; HIRSCH, Pam. *Practical visionaries*: women, education and social progress 1790-1930. Harlow: Pearson, 2000.

D'APRILE, Gabriella. *Adolphe Ferrière e les oubliés della scuola attiva in Italia*. Pisa: ETS.

D'ARCANGELI, Marco Antonio; SANZIO, Alessandro (ed.). *Le "scienze umane" in Italia tra Otto e Novecento*. Pedagogia, psicologia, sociologia e filosofia. Milano: FrancoAngeli, 2017.

DAMIRO DE MORAES, José. Armanda Álvaro Alberto: Escola nova e repressão política nos anos 1930. *Revista HISTEDBR On-Line*, Campinas, 53, p. 183-195, 2013.

DE GIORGI, Fulvio (ed.). *Montessori, Dio e il bambino e altri scritti inediti.* Brescia: Editrice La Scuola, 2013.

DE GIORGI, Fulvio. Maria Montessori tra modernisti, antimodernisti e gesuiti. *Annali di Storia dell'Educazione e delle Istituzioni Scolastiche*, Brescia, 25, p. 27-73, 2018.

DE SALVO, Dario. "Lei può morire e tutto questo andrebbe perduto". Maria Montessori alla Montesca. *Quaderni d'Intercultura*, Messina, 10, p. 210-217, 2018.

DE SERIO, Barbara. Adele Costa Gnocchi y Maria Montessori entre modernismo espiritual y renovación educativa. *In*: CAGNOLATI, Antonella; CANALES SERRANO, Antonio Francisco (ed.). *Women's education in Southern Europe.* Historical perspectives (19th-20th centuries). Roma: Canterano, 2018. v. 2, p. 171-197.

DE STEFANO, Cristina. *Il bambino è il maestro.* Milano: Rizzoli, 2020.

DEKKER, Jeroen J. H. Philanthropic networks for children at risk in nineteenth-century Europe. *Paedagogica Historica*, 43, 2, p. 235-244, 2007.

DEGLI, Uberti; RONCALLI, Elettra. La vita di una Casa dei Bambini. La 'Colonia Felice'. *La Coltura Popolare*, Milano, 6, 1-2, p. 33-40, 1917.

DEMOLINS, Edmond. L'école des Roches. *The Elementary School Teacher*, 6, p. 227-240, 1906.

DEPAEPE, Marc; SIMON, Frank. Les écoles gardiennes en Belgique. Histoire et historiographie. *Histoire de l'Éducation*, 82, p. 73-99, 1999.

EJIKEME, Anene. From traders to teachers: a history of elite women in Onitsha, Nigeria, 1928-1940. *Journal of Asian and African Studies*, 46, 3, p. 221-236, 2011.

FOSCHI, Renato; MORETTI, Erica; TRABALZINI, Paola (ed.). *Il destino di Maria Montessori.* Promozioni, rielaborazioni, censure, opposizioni al método. Roma: Fefé Editore, 2019.

FRESCO HONEGGER, Grazia. *Maria Montessori*. Una storia attuale. Napoli; Roma: L'Ancora del Mediterraneo, 2007.

FRESCO HONEGGER, Grazia. *Montessori*: perché no? Una pedagogia per la crescita. Torino: Il Leone Verde, 2017.

GALLERANI, Manuela. Maria Montessori: la donna e l'intellettuale impegnata nella riscoperta dell'infanzia. *In*: CAGNOLATI, Antonella (ed.). *Maternità militanti*. Percorsi di genere nella storia dell'educazione. Roma: Aracne, 2010. p. 83-114.

GECCHELE, Mario; POLENGHI, Simonetta; DAL TOSO, Paola (ed.). *Il novecento*. Il secolo del bambino? Bergamo: Edizioni Junior, 2017.

GEORGE, Anne. First Montessori school in America. *McClure's Magazine*, New York City, 2, p. 177-187, 1912.

GILSOUL, Martine. Un metodo adatto al temperamento belga? La diffusione del metodo Montessori nel primo dopoguerra nella regione francofona del Belgio. *In*: PIRONI, Tiziana (ed.). *Maria Montessori tra passato e presente*. La diffusione della sua pedagogia in Italia e all'estero. Milano: FrancoAngeli, 2023. p. 98-110.

GILSOUL, Martine; POUSSIN, Charlotte. *Maria Montessori*. Una vita per i bambini. Firenze: Giunti, 2022.

GIOVETTI, Paola. *Maria Montessori*. Roma: Mediterranee, 2009.

GRAZZINI Camillo; KHAN, David, An interview with Camillo Grazzini. Celebrating fifty years of Montessori work. *Communications, Journal of the Association Montessori Internationale*, special issue, Amsterdam, p. 113-122, 2010.

GRAZZINI, Massimo. *Sulle fonti del Metodo Pasquali-Agazzi e altre questioni*. Interpretazioni, testi e nuovi materiali. Brescia: Istituto di Mompiano - Centro Studi pedagogici "Pasquali Agazzi" - Comune di Brescia, 2006.

GUTEK, Gerald L.; GUTEK, Patricia. *America's early Montessorians*: Anne George, Margaret Naumburg, Helen Parkhurst and Adelia Pyle. New York: Palgrave Macmillan, 2020.

GUTEK, Gerald; GUTEK, Patricia. *Bringing Montessori to America*. S.S. Mc Clure, Maria Montessori and the campaign to publicize Montessori education. Tuscaloosa: University of Alabama Press, 2016.

HOLMES, William Henry. *School organization and the individual child.* Worcester, Mass.: The Davis Press, 1912.

JOOSTEN, Alberto. La diffusione del metodo Montessori in India e nei paesi vicini. *Vita dell'Infanzia*, Roma, 1-12, p. 54-60, 2012.

KEY, Ellen. *The century of the child*. New York; London: G. B. Puntam's Sons, 1909.

KILPATRICK, William Heard. *The Montessori system examined*. Boston; New York; Chicago: Houghton Mifflin Company, 1914.

KLEIN-LANDECK, Michael (ed.). *Fragen an Maria Montessori*. Immer noch ihrer Zeit voraus? Freiburg im Breisgau, Verlag Herder GmbH, 2015.

KORNEGAY, William. *The American odyssey of Maria Montessori*. Arlinghton: Educational Resources Information, 1981.

KRAMER, Rita. *Maria Montessori*: a biography. Chicago: The University of Chicago Press, 1976.

LAWSON, Maria D. Montessori the Indian years. *The Forum of Education*, 33, 1, p. 36-49, 1974.

LILLARD, Angeline S.; ELSE-QUEST, Nicole. Evaluating Montessori pedagogy. *Science Magazine*, 29, p. 6-14, 2006.

LILLARD, Angeline S.; McHUGH, Virginia. Authentic Montessori: the Dottoressa's view at the end of her life part I. The Environment. *Journal of Montessori Research,*, 5, 1, p. 1-18, 2019.

LILLARD, Angeline. *Montessori.* The science behind the genius. New York: Oxford University Press, 2006.

LOMBARDO RADICE, Giuseppe. *Athena fanciulla*: scienza e poesia della scuola serena. Firenze: Bemporad, 1931.

MAPELLI, Barbara; SEVESO, Gabriella. *Una storia imprevista*. Femminismi del Novecento ed. educazione. Milano: Guerini e Associati, 2003.

MEIRIEU, Philippe; BOTTERO, Enrico. La pedagogia di Maria Montessori in Francia: le ragioni di un successo. *Infanzia*, 4, p. 250-254, 2018.

MIGNOT, Ana Cristina Venancio. *Baú de memórias, bastidores de histórias*: o legado de Armanda Álvaro Alberto. Bragança Paulista: Edusf, 2002.

MONTESSORI, Maria. La via e l'orizzonte del femminismo. *In*: CATARSI, Enzo. *La giovane Montessori*. Ferrara: Corso, 1995, p. 148-152.

MONTESSORI, Maria. *Antropologia pedagogica*. Milano: Vallardi, 1910.

MONTESSORI, Maria. Che cos'è l'educazione cosmica. *In*: SCOCCHERA, Augusto (ed.). *Montessori perché no?* Torino: Il Leone Verde, 2017. p. 165-168.

MONTESSORI, Maria. *Come educare il potenziale umano*. Milano: Garzanti, 2007.

MONTESSORI, Maria. *Educare alla libertà*. Milano: Mondadori, 2017.

MONTESSORI, Maria. *Educazione per un mondo nuovo*. Milano: Garzanti, 1970.

MONTESSORI, Maria. *Il metodo del bambino e la formazione dell'uomo*. Scritti inediti e rari, a cura di Augusto Scocchera. Roma: Edizioni Opera Nazionale Montessori, 2001.

MONTESSORI, Maria. *Il metodo della pedagogia scientifica applicato all'educazione infantile nelle Case dei Bambini*. Città di Castello, Lapi Editore, 1909.

MONTESSORI, Maria. *Il segreto dell'infanzia*. Milano: Garzanti, 1999a.

MONTESSORI, Maria. *In viaggio verso l'America*: 1913, diario privato a bordo del Cincinnati. Prefazione e note di Carolina Montessori. Roma: Fefè Editore, 2014.

MONTESSORI, Maria. Influenze delle condizioni di famiglia sul livello intellettuale degli scolari. Ricerche di igiene e antropologia pedagogiche in rapporto all'educazione. *Rivista di Filosofia e Scienze Affini*, Roma, 3, 4, p. 278-322, 1904.

MONTESSORI, Maria. *L'autoeducazione nelle scuole elementari*. Milano: Garzanti, 1992.

MONTESSORI, Maria. *L'autoeducazione nelle scuole elementari*. Roma: Loescher & C., 1916.

MONTESSORI, Maria. *La mente assorbente*. Milano: Garzanti, 1999b.

MONTESSORI, Maria. *La mente del bambino*. Milano: Garzanti, 2018.

MONTESSORI, Maria. *La scoperta del bambino*. Milano: Garzanti, 2019.

MONTESSORI, Maria. Miserie sociali e nuovi ritrovati dalla scienza. *Il Risveglio Educativo*, 15, 17, p. 130-132, 10 dic. 1898.

MONTESSORI, Mario Jr. Maria Montessori, mia nonna. *Il Quaderno Montessori*, Roma 19, 5, p. 52-62, 1988.

MONTESSORI, Mario. The knight of the child. *The Montessori Magazine*, 1, 1, p. 11, 1946.

MORANDI, Matteo. Luigi Credaro e la pedagogia scientifica: i temi della prolusione romana del 1903. *Civitas Educationis*, Napoli, 8, 1, p. 15-19, 2019.

MORETTI, Erica; DIEGUEZ, Alejandro Mario. I Progetti di Maria Montessori impigliati nella rete di mons. Umberto Benigni. *Annali di Storia dell'Educazione e delle Istituzioni Scolastiche*, Brescia, 25, p. 89-114, 2018.

MORETTI, Erica. Montessori e Rukmini Devi, un incontro tra teosofia e pedagogia. *In*: TODARO, Letterio (ed.). *La costruzione dell'uomo interiore*. Sguardi sulla pedagogia Montessori. Santarcangelo di Romagna: Maggioli Editore, 2022. p. 83-104.

MÜLLER, Thomas; SCHNEIDER, Romana. *Montessori*. Lehrmaterialen 1913-1935 Möbel und Architektur – Teaching Materials 1913-1935 Furniture and Architecture. Munich: Prestel, 2002.

NEGRI, Martino; SEVESO, Gabriella. La formazione degli insegnanti nell'approccio montessoriano: il dibattito nelle pagine di La Coltura Popolare, (1911-1922). *Rivista di Storia dell'Educazione*, Firenze, , 2, p. 59-71, 2021.

NEGRI, Martino; SEVESO, Gabriella. La ricezione del metodo Montessori in USA. Uno sguardo dall'Italia. *In*: PIRONI, Tiziana (ed.). *Maria Montessori tra passato e presente*. La diffusione della sua pedagogia in Italia e all'estero. Milano: FrancoAngeli, 2023. p. 68-84.

O'DONNELL, Marion. *Maria Montessori*. London: Continuum, 2007.

OPERA NAZIONALE MONTESSORI. *Nidi e scuole Montessori in Italia* [Montessori schools and day care centers in Italy]. https://www. operanazionalemontessori.it/nidi-e-scuole-montessori/nidi-e-scuole-montessori-in-italia#.

PALAU VERA, Joan. Un essaig d'aplicació del mètode montessori a la casa de maternitat de Barcelona. *In*: GONZÁLES-AGÀPITO, Joseph (ed.). *L'Escola nova catalana, 1900-1939*: objectius, constants i problemàtica. Vic: Eumo, 1992. p. 89-107.

PANA, Simona Mariana. Il Centro di Studi Pedagogici presso l'Università per Stranieri di Perugia. *In*: PIRONI, Tiziana (ed.). *Maria Montessori tra passato e presente*. La diffusione della sua pedagogia in Italia e all'estero. Milano: FrancoAngeli, 2023. p. 129-144.

PENG, Hsin Hui; MD-YUNUS, Sham'ah. Do children in Montessori schools perform better in the achievement test? A Taiwanese perspective. *International Journal of Early Childhood*, 46, 2, p. 299-311, 2014. DOI 10.1007/ s13158-014-0108-7.

PERRONE, Emma. Il Centro Internazionale di Studi Montessoriani. Origine e sviluppo. *In*: PIRONI, Tiziana (ed.). *Maria Montessori tra passato e presente*. La diffusione della sua pedagogia in Italia e all'estero. Milano: FrancoAngeli, 2023. p. 157-173.

PIRONI, Tiziana. *Femminismo ed educazione in età giolittiana*. Conflitti e sfide della modernità. Pisa: ETS, 2010.

PIRONI, Tiziana. L'Insegnante secondo Maria Montessori. *Ricerche di Pedagogia e di Didattica*, 2, p. 32-40, 2007.

PIRONI, Tiziana. Maria Montessori e gli ambienti milanesi dell'Unione Femminile e della Società Umanitaria. *Annali di Storia dell'Educazione e delle Istituzioni Scolastiche*, 25, p. 8-26, 2018.

PIZZIGONI, Giuseppina. *La scuola elementare rinnovata secondo il metodo sperimentale*. Milano: G. B. Paravia & C. Tipografia, 1914.

POLENGHI, Simonetta. Changes in teacher education in Italy: a survey from Italian Unification to today. *Sodobna Pedagogika*, Ljubljana, 70, 3, p. 166-178, 2019.

POVELL, Phyllis. *Montessori comes to America*: the leadership of Maria Montessori and Nancy McCormick Rambusch. [*S. l.*]: University Press of America, 2009.

POZZI, Irene. La Società Umanitaria e la diffusione del Metodo Montessori (1908-1923). *Ricerche di Pedagogia e Didattica*, Bologna, 10, 2, p. 103-114, 2015.

PUJOL SÉGALAS, Marie-Louise. *Jardin d'Enfants*. Programme général. Paris: Société Théosophique, 1912.

QUARFOOD, Christine. *The Montessori movement in interwar Europe*: new perspectives. London: Palgrave Macmillan, 2022.

RAIMONDO, Rossella. L'esperienza di Mari Montessori in India fra pacifismo e spiritualità. *In*: PIRONI, Tiziana (ed.). *Maria Montessori tra passato e presente*. La diffusione della sua pedagogia in Italia e all'estero. Milano: FrancoAngeli, 2023. p. 111-125.

RAIMONDO, Rossella. Origini, caratterizzazioni e sviluppi dell'educazione cosmica in Maria Montessori. *Rivista di Storia dell'Educazione*, Firenze, 1, p. 69-79, 2019.

REGNI, Raniero. I quattro piani di sviluppo e il ritmo costruttivo della vita. La conferenza di Perugia del 10 luglio 1950. *In*: PIRONI, Tiziana (ed.).

Maria Montessori tra passato e presente. La diffusione della sua pedagogia in Italia e all'estero. Milano: FrancoAngeli, 2023. p. 145-156.

REGNI, Raniero. *Il bambino padre dell'uomo*. Infanzia e società in Maria Montessori. Roma: Armando, 1997.

ROCCA, Giancarlo. Maria Montessori e i corsi di pedagogia infantile. *Annali di Storia dell'Educazione e delle Istituzioni Scolastiche*, Brescia, 25, p. 74-88, 2018.

SAHFIELD, Wolfgang; VANINI, Alina. La rete di Maria Montessori in Svizzera. *Annali di Storia dell'Educazione e delle Istituzioni Scolastiche*, Brescia, 25, p. 163-180, 2018.

SALASSA, Monica. Le scuole secondarie Montessori in Italia. *In*: LINEE di ricerca sulla pedagogia di Maria Montessori, Centro Studi Montessoriani, Annuario 2004, direzione scientifica di Clara Tornar. Milano: FrancoAngeli, 2005. p. 75-92.

SCAGLIA, Evelina. Montessori e Il bambino in famiglia: per una pedagogia della prima infanzia come pedagogia della liberazione. *Formazione, Lavoro, Persona*, Bergamo, 9, 29, p. 135-143, 2014.

SCHWEGMAN, Marjan. *Maria Montessori*. Bologna: Il Mulino, 1999.

SCOCCHERA, Augusto. *Maria Montessori*. Una storia del nostro tempo. Roma: Edizioni Opera Nazionale Montessori, 1997.

SERINA-KARSKY, Fabienne. L'action philanthropique de Mary Cromwell pendant et après la Première Guerre mondiale: la méthode Montessori au secours de la petite enfance. *Les Études Sociales*, 175, 1, p. 105-125, 2022. DOI 10.3917/etsoc.175.0105.

SEVESO, Gabriella. 'Si procede a tastoni alla ricerca del metodo'. Il dibattito sul metodo educativo nelle pagine de La Coltura popolare. *In*: LENTINI, Stefano; SCANDURRA, Silvia Annamaria (ed.). *Quamdiu cras, cur non hodie?* Studi in onore di Antonia Criscenti Grassi. Roma: Aracne, 2021. p. 159-172.

SEVESO, Gabriella. Il valore sociale e culturale della proposta montessoriana nel 'Discorso inaugurale in occasione dell'apertura di una Casa dei Bambini nel 1907'. *In*: NIGRIS, Elisabetta; PISCOZZO, Milena (ed.). *Scuola pubblica e approccio Montessori*: quali possibili contaminazioni? Un'esperienza italiana. Parma: Edizioni Junior, 2018, p. 13-25.

SEVESO, Gabriella. La relazione fra generi e generazioni e la tutela dell'infanzia: la maternità sociale di Ersilia Bronzini Majno. *In*: CAPUCCIO, Giuseppa; COMPAGNO, Giuseppa; POLENGHI, Simonetta (ed.). *30 Anni dopo la Convenzione Onu sui diritti dell'infanzia*. Quale pedagogia per i minori? Lecce-Rovato: PensaMultimedia, 2020. p. 318-326.

SEVESO, Gabriella; FINCO, Daniela. As Associações das Mulheres e os direitos da infância na Itália (1861-1930). *Zero-as-Seis-Revista Eletrônica editada pelo Núcleo de Estudos e Pesquisas da Educação na Pequena Infância*, Florianópolis, v. 19, n. 36, p. 177-192, 2017.

SUREDA GARCIA, Bernat. The expansion of the Montessori method in Spain from 1913 to 1939. *In*: PIRONI, Tiziana (ed.). *Maria Montessori tra passato e presente*. La diffusione della sua pedagogia in Italia e all'estero. Milano: FrancoAngeli, 2023. p. 55-67.

SUREDA GARCIA, Bernat; COMAS RUBÍ, Francesca. Proposals for women's education in the magazine 'Feminal', Macerata, *History of Education & Children Literature*, 7, 2, p. 273-292, 2013.

SURMA, Barbara (ed.). *Pedagogia Marii Montesori w Polsce i na swiecie*. Cracovia: Lódz, 2009.

TODARO, Letterio. La circolazione della pedagogia montessoriana attraverso le reti internazionali della fratellanza teosofica nei primi decenni del Novecento: il caso francese. *Rivista di Storia dell'Educazione*, Firenze, 8, 2, p. 109-121, 2021. DOI 10.36253/rse-10354.

TOGNI, Fabio. Montessori va in America. Una rilettura pedagogica di un episodio di incontro-scontro tra attivismo pedagogico italiano e Progressive Education americana. *Formazione, Lavoro, Persona*, Bergamo, 6, 10, p. 34-42, 2014.

TOGNON, Giuseppe. Polvere di stelle. Maria Montessori ei confini nella costruzione dell'uomo. *In*: DE SANCTIS, Leonardo (ed.). *Il volo tra le genti di Maria Montessori oltre ogni confine*. Roma: Fefè Editore, 2016. p. 5-23.

TOMARCHIO, Maria; D'APRILE, Gabriella (ed.). *Educazione Nuova e Scuola Attiva in Europa all'alba del Novecento*. Atti del convegno internazionale di Catania del 25-26-27 marzo 2010. v. 1, n. mon. 1, p. 4-6.

TOMARCHIO, Maria; TODARO, Letterio (ed.). *Spazi formativi modelli e pratiche di educazione all'aperto nel primo Novecento*. Milano: Maggioli Editore, 2017.

TORNAR, Clara. *Attualità scientifica della pedagogia di Maria Montessori*. Roma: Anicia, 1990.

TORNAR, Clara. *La pedagogia di Maria Montessori tra teoria e azione*. Milano: FrancoAngeli, 2007.

TRABALZINI, Paola. Maria Montessori e i rapporti con Sigmund Freud. *Annali di storia dell'Educazione e delle Istituzioni Scolastiche*, 25, p. 146-162, 2018.

TRABALZINI, Paola. *Maria Montessori*. Da Il metodo a La scoperta del bambino. Roma: Aracne, 2003.

TRABALZINI, Paola. Montessori e Gandhi in immagini e parole. *Vita dell'Infanzia*, 10, p. 4-5, 2004.

WHITE, Jessie. The influence of Dr. Montessori's pedagogy in Great Britain and Ireland. *In*: AA. VV. *Atti del V Congresso Internazionale di Filosofia*. [*S. l.: s. n.*], 1925. p. 866-872.

WHITEHEAD, Kay; FEEZ, Susan. Transnational advocacy in education: Maria Montessori's connections with Australian women. *Annali di Storia dell'Educazione e delle Istituzioni Scolastiche*, Brescia, 25, p. 181-196, 2018.

WHITESCARVER, KKeith; COSSENTINO, Jacquelin. Montessori and the mainstream: a century of reform on the margins. *Teachers College Record*, v. 110, n. 12, p. 2.571-2.600, 2008. DOI 10.1177/016146810811001202.

WILLIAMS, Maria Patricia. Becoming an international public intellectual: Maria Montessori before The Montessori method, 1882-1912. *British Journal of Educational Studies*, London, 70, 5, p. 575-590, 2022.

WILLIAMS, Maria Patricia. Contribution of 'A sister of Notre Dame' and the 'Nun of Calabar' to Montessori education in Scotland, Nigeria and beyond. *Rivista di Storia dell'Educazione*, Firenze, 8, 2, p. 123-134, 2021. DOI 10.36253/rse-10344.

WILSON, Carolie Elizabeth. Maria Montessori was a theosophist. *History of Education Society Bulletin*, Oxford, 36, p. 52-54, 1985.

WILSON, Carolie Elizabeth. *Montessori in India*: a study of the application of her method in a developing country. 2014. PhD Thesis: PhD in Arts and Social Sciences – University of Sydney, Sidney, 1987.

YONEZU, Mika. History of the reception of Montessori education in Japan. *Espacio, Tiempo y Educación*, Salamanca, 5, 2, p. 77-100, 2018. DOI 10.14516/ete.227.